DeROSE

∴

योग सूत्र

YÔGA SÚTRA

DE

PÁTAÑJALI

A MAIS IMPORTANTE ESCRITURA ANTIGA, DE MAIS DE 2000 ANOS, SOBRE A CODIFICAÇÃO DO LEGÍTIMO YÔGA CLÁSSICO, DO SÉC. III A.C.

SOB O SELO EDITORIAL
EGRÉGORA

Senhor Livreiro,

Sei o quanto o seu trabalho é importante e que esta é a sua especialidade. Por isso, gostaria de fazer um pedido fundamentado na minha especialidade: este livro **não é** sobre autoajuda, nem terapias e, muito menos, esoterismo. Não tem nada a ver com Educação Física nem com esportes.

Assim, agradeço se esta obra puder ser catalogada como **Hinduísmo** ou como **Filosofia Hindu**.

Grato,

O Autor

As páginas deste livro foram impressas em papel reciclado. Embora seja mais caro que o papel comum, consideramos um esforço válido para destruir menos árvores e preservar o meio ambiente. Contamos com o seu apoio.

Impresso no Brasil/***Printed in Brazil***

COMENDADOR
DeROSE

Professor Doutor Honoris Causa pelo Complexo de Ensino Superior de Santa Catarina
Comendador pela Secretaria de Educação do Estado de São Paulo, Núcleo MMDC Caetano de Campos
Comendador pela Ordem do Mérito Farmacêutico Militar, do Exército Brasileiro
Comendador pela The Military and Hospitaller Order of Saint Lazarus of Jerusalem
Cruz de Mérito da Cruz Vermelha Internacional
Grã-Cruz pela Academia de História Militar Terrestre do Brasil
Grã-Cruz Heróis do Fogo, do Corpo de Bombeiros do Estado de São Paulo
Grão-Mestre Honorário da Ordem do Mérito das Índias Orientais, de Portugal
Membro do CONSEG – Conselho de Segurança dos Jardins e da Paulista
Membro da ADESG – Associação dos Diplomados da Escola Superior de Guerra
Laureado pelo Governo do Estado de São Paulo, OAB, Justiça Militar da União,
Polícia Militar, Polícia Técnico-Científica, Exército Brasileiro, Defesa Civil, ABFIP ONU etc.

YÔGA SÚTRA

DE

PÁTAÑJALI

SOB A CHANCELA DA

PRIMEIRA UNIVERSIDADE DE YÔGA DO BRASIL

Al. Jaú, 2000 - São Paulo SP - tel. (+55 11) 3081-9821

Produção editorial totalmente realizada em Word pelo autor
Capa: Patricia Gomiero
Book designer: DeRose
Revisão de português: Vênus Santos
Escritura do sânscrito: Milton Marino
Revisão do sânscrito: Nuno Cramês
Revisão de formatação: Cláudio Lelli
Revisão final de gráfica: Federico Giordano
Produção gráfica: DeRose Editora
Realização gráfica: Office
Impressão: Rettec Artes Gráficas e Editora Ltda.

4ª. edição, em livro impresso, no ano de 2019

A Editora não responde pelos conceitos emitidos pelo autor.

Pedidos deste livro podem ser feitos para:

DeRose Editora – Alameda Jaú, 2000 – CEP 01420-006, São Paulo, SP – Brasil

Ou para egregorabooks.com

Este livro tornou-se um capítulo do ***Tratado de Yôga***, que foi formado pela fusão de oito diferentes livros do escritor DeRose e mais o Yôga Sútra como anexo.

Dados Internacionais de Catalogação na Publicação

D278 **De Rose, 1944-**
Yôga Sútra de Pátañjali / Comendador DeRose. – 4. ed. – São Paulo : Egrégora, 2019.

144 p. : il. color.

ISBN: 978-85-62617-69-0

1. Patanjali. Yogasutra. 2. Filosofia hindu. 3. Hinduísm. 4. Índia. 5. DeRose, Método. I. Título.

CDD (23. ed.): 181.452

Maria Emília Pecktor de Oliveira
Bibliotecária – CRB-9/1510

Dedico esta edição
ao meu amigo
Prof. Edgardo Caramella.

Índice

À guisa de apresentação 9
Definições 11
Agradecimentos 13
Pronúncia do sânscrito 14
Introdução 15
A proposta dos nossos livros 17
Do porquê desta tradução 19
Sem comentários 21
O Yôga e Pátañjali 23
A verdade sobre o Yôga Clássico 27
O Yôga Clássico não é o mais antigo 31
Vamos entender os 4 troncos do Yôga 35
Frases diferentes, significado semelhante? 43
A razão de tantas divergências 49
Exemplos de discrepâncias 51
A transliteração do sânscrito 55
samádhi pádaḥ 61
sádhana pádaḥ 75

À GUISA DE APRESENTAÇÃO

Antes de mais, queria dar-lhe os parabéns: a sua tradução é de excelente qualidade, quando comparada com muitos académicos franceses e ingleses; e agradecer por me dar a possibilidade de ler o Yôga Sútra em português.

Professor Bruno Silva
Universidade Católica de Louvain, Bélgica

DEFINIÇÕES

Yôga[1] é qualquer metodologia estritamente prática que conduza ao samádhi.

Samádhi é o estado de hiperconsciência e autoconhecimento que só o Yôga proporciona.

SwáSthya Yôga é o nome da sistematização do Yôga Antigo.

As características principais do SwáSthya Yôga (ashtánga guna) são:

1. *sua prática extremamente completa, integrada por oito modalidades de técnicas;*
2. *a codificação das regras gerais;*
3. *resgate do conceito arcaico de sequências encadeadas sem repetição;*
4. *direcionamento a pessoas especiais, que nasceram para o SwáSthya Yôga;*
5. *valorização do sentimento gregário;*
6. *seriedade superlativa;*
7. *alegria sincera;*
8. *lealdade inquebrantável.*

---

1 O acento circunflexo na palavra Yôga não está ali para fechar a pronúncia do ***ô***, já que não existe o som do ***ó*** aberto no sânscrito. O acento indica apenas onde está a sílaba longa, mas ocorre que, muitas vezes, a tônica está noutro lugar. Por exemplo: Pátañjali pronuncia-se "*Patânjalí*"; outro caso, é o nome kundaliní pronuncia-se "*kúndaliní*". O efeito fonético aproxima-se mais de "*kún-daliníí*" (jamais pronuncie "*kundalíní*"). Para sinalizar isso aos nossos leitores, vamos sublinhar, algumas vezes, a sílaba tônica de cada palavra. Se o leitor desejar esclarecimentos sobre os termos sânscritos, recomendamos que consulte o *Glossário*, do livro ***Tratado de Yôga***. Sobre a pronúncia, ouça o áudio ***Sânscrito - Treinamento de Pronúncia***, gravado na Índia. Arquivo de áudio: derose.co/glossario-sanscrito.

Demonstração de que a palavra Yôga tem acento no seu original em alfabeto dêvanágarí:

य	YA, curto.	
या	YAA ∴ YÁ, longo.	ा Este sinal é um a-ki-mátrá (acento do *a*).
यो	YOO ∴ YÔ, longo.	ो Este sinal é um ô-ki-mátrá (acento do *o*).
योग	YÔGA. Portanto, a palavra em questão deve ser acentuada (YÔGA, ou YŌGA, conforme a convenção).	

* Embora grafemos didaticamente acima **YOO**, este artifício é utilizado apenas para o melhor entendimento do leitor leigo em sânscrito. Devemos esclarecer que o fonema "*ô*" é resultante da fusão do "*a*" com o "*u*" e, por isso, é sempre longo, pois contém duas letras. Contudo, se digitarmos **YOO** no programa de transliteração *I-Translator 2003* aparecerão os caracteres que desejamos यो (para produzir o fonema *yô*). Na convenção que adotamos, o acento agudo é aplicado sobre as letras longas quando ocorre crase ou fusão de letras iguais (*a + a = á; i + i = í; u + u = ú*). O acento circunflexo é aplicado quando ocorre crase ou fusão de letras diferentes (*a + i = ê;* ou *a + u = ô*), por exemplo, em *sa+íshwara = sêshwara* e *AUM*, que se pronuncia *ÔM,* que em alfabeto fonético escreve-se ɔ̃ (õ). Daí grafarmos *Vêdánta,* com circunflexo no "*e*" e acento agudo no "*a*". O acento circunflexo não é usado para fechar a pronúncia do "*ô*" ou do "*ê*", pois esses fonemas são sempre fechados. Não existe, portanto, a pronúncia "*véda*" nem "*yóga*". O acento circunflexo na palavra Yôga é tão importante que mesmo em livros publicados em inglês e castelhano, línguas que não possuem o circunflexo, ele é usado em obra mais exigentes para grafar este vocábulo.

- **Bibliografia para o idioma espanhol:**
  Léxico de Filosofía Hindú, de Kastberger, Editorial Kier, Buenos Aires, 1954.
- **Bibliografia para o idioma inglês:**
  Pátañjali Aphorisms of Yôga, de Srí Purôhit Swámi, Faber and Faber, Londres, 1938.
  Encyclopædia Britannica, no verbete *Sanskrit language and literature*, volume XIX, edição de 1954.
- **Bibliografia para o idioma português:**
  Poema do Senhor, de Vyasa, Editora Assírio e Alvim, Lisboa.

Se alguém declarar que a palavra Yôga não tem acento, peça-lhe para mostrar como se escreve o ô-ki-mátrá (ô-ki-mátrá é um termo hindi utilizado atualmente na Índia para sinalizar a sílaba forte). Depois, peça-lhe para indicar onde o ô-ki-mátrá (ो) aparece na palavra Yôga (योग). Ele aparece logo depois da letra *y* (य = *ya*), transformando-a em यो = *yô*, longa. Em seguida, pergunte-lhe o que significa o termo ô-ki-mátrá. O eventual debatedor, se conhecer bem o assunto, deverá responder que ô é a letra *o* e mátrá traduz-se como *acento, pausa ou intervalo* que indica uma vogal longa. Logo, ô-ki-mátrá traduz-se como "*acento do o*". Consulte o *Sanskrit-English Dictionary*, de Sir Monier-Williams, o mais conceituado dicionário de sânscrito, página 804. Então, mais uma vez, provado está que a palavra Yôga tem acento. A palavra SwáSthya (स्वास्थ्य), por outro lado, possui um a-ki-mátrá (ा) depois da letra *v* ou *w* (व = *va* ou *wa*), pois seu acento (वा = *vá* ou *wá*) está na letra *a*.

AGRADECIMENTOS

Devo render aqui uma homenagem de gratidão a Srí Yôgêndra e ao Dr. Jayadêva, dos quais tive o privilégio de receber, pessoalmente, instruções sobre o Yôga Clássico de Pátañjali, no Yôga Institute, em Mumbai.

A Srí Krishnánanda, que me concedeu a graça do seu ensinamento, de 1975 a 1994, no Sivananda Ashram, em Rishikêsh.

Meu reconhecimento ao Swámi Krishnánandaji e ao Swámi Turyánanda Saraswati, da cidade de Rishikêsh, Himálayas, que revisaram a segunda edição deste livro.

E um agradecimento especial ao Professor Milton Marino que realizou a dura tarefa de reescrever o sânscrito da quarta edição, bem como ao Professor Nuno Cramês e à Professora Diana Raschelli que revisaram o dêvanágarí.

PRONÚNCIA DO SÂNSCRITO

Em alguns momentos, vamos sublinhar a sílaba tônica dos termos sânscritos para facilitar a leitura correta. Noutras sentenças deixaremos sem o *underline* para que o leitor se habitue a observar a pronúncia correta mesmo quando não houver essa sinalização.

Para escutar a pronúncia correta dos termos sânscritos, em uma gravação feita na Índia, na voz de um professor hindu, abra o seguinte *link* de áudio: derose.co/glossario-sanscrito.

INTRODUÇÃO

Este livro pertence à coleção Curso Básico.

Alguns livros do Comendador DeRose são obras de fôlego, com 500 a 1000 páginas. Por esse motivo, em atenção ao leitor interessado num tema específico, decidimos lançar uma coleção de livros menores, em que cada volume aborde um tema em particular, pertinente ao Curso de Formação de Instrutores, que o Preceptor ministra desde a década de 70 nas Universidades Federais, Estaduais e Católicas de vários estados do Brasil, bem como em Universidades da Europa. Isso nos permitirá editar livros mais acessíveis, que possibilitarão ao público travar contato com o Yôga Antigo mais facilmente.

Este livro tratará de mais um tema que desperta muito interesse e que as pessoas, geralmente, interpretam de uma forma um tanto limitada, deixando que suas crenças ou sua cultura regional interfiram na visão mais clara do assunto. Como sempre, o Comendador DeRose abordará a matéria sob um prisma diferente, novo e mais abrangente.

Comissão Editorial

registro de títulos e documentos
e registro civil das pessoas jurídicas
escrivão: bel. josé maria siviero

3º R.T.D.

rua XV de novembro, 80
cep 01013 - 000 - são paulo - sp
fone: 232-3171 telefax: 37-8830

Certidão de Personalidade Jurídica

Certifico e dou fé que nos termos dos arts. 18 e 19 do Código Civil Brasileiro, e na forma dos arts. 114 e 119, da lei nº 6.015 de 31 de dezembro de 1973, em data de hoje foi conferida personalidade jurídica a

UNIVERSIDADE INTERNACIONAL DE YÔGA

entidade civil estabelecida à Alameda Jaú, 2000,
na cidade de São Paulo, Estado de São Paulo,
conforme registro em microfilme nº 232.558/94* deste 3º RTD.

São Paulo 18 de novembro de 19 94.

REPÚBLICA FEDERATIVA DO BRASIL
15 de Novembro de 1889

A PROPOSTA DOS NOSSOS LIVROS

A proposta desta coleção é proporcionar aos estudiosos o resultado de uma pesquisa desenvolvida durante mais de 50 anos, sendo 25 anos de viagens à Índia. É o resgate da imagem de uma tradição ancestral que, fora da nossa linhagem, já não se encontra em parte alguma.

Muito se escreveu e escreve-se sobre meditação, mas quase nada há escrito sobre a cultura da qual surgiu, que é muito mais fascinante. O fundamento filosófico desta tradição é uma peça viva de arqueologia cultural, considerada extinta na própria Índia, seu país de origem há mais de 5000 anos. O que é raro é mais valioso.

No entanto, independentemente desse valor como raridade, a tradição filosófica Pré-Clássica é extremamente completa e diferente de tudo o que você possa estereotipar com o clichê. Além disso, ao estudar essa modalidade, temos ainda a satisfação incontida de aprender os ensinamentos originais, logo, o mais autêntico de todos. Não obstante, como estudar a filosofia mais antiga se não há quase nenhuma bibliografia a disponível?

No início não existia a escrita e o conhecimento era passado por transmissão oral. Depois, na fase do período Clássico, por volta do século III a.C., não existia a imprensa, os livros tinham de ser escritos a mão e reproduzidos um a um pelos copistas, o que tornava o produto literário muito caro e as edições bem restritas. Por essa época havia uma quantidade irrisória de obras e uma tiragem de sucesso teria algo como uma centena de exemplares. Dessa forma, foi relativamente fácil perderem-se obras inteiras, por incêndios, terremotos, enchentes, guerras ou, simplesmente, por perseguições ideológicas. Não nos restou quase nada.

Por outro lado, praticamente todos os textos modernos foram preservados. Primeiro, devido ao menor decurso de tempo que transcorreu entre a época da publicação e o momento presente. Depois, com o barateamento dos livros, graças ao advento da tipografia, muito mais obras foram escritas e suas tiragens alcançaram a cifra dos milhares de cópias. Assim, sempre haveria uns quantos exemplares em outro local quando ocorressem os incêndios, os terremotos, as enchentes, as guerras ou as perseguições. O resultado disso é que hoje quase todos os livros, escolas e instrutores adotam a perspectiva Medieval ou fortemente influenciados por ela.

Os ensinamentos Contemporâneos ainda não tiverem tempo suficiente para uma produção editorial relevante. Pior: a maior parte está contaminada pelos paradigmas Medievais, até pelos próprios jargões utilizados e pela distorção do significado dos termos técnicos aplicados.

Assim sendo, sem dispor de vias já trilhadas por estudiosos anteriores levando-me às suas origens, para chegar aonde cheguei, foi necessário ir revolvendo, polegada por polegada, o entulho dos séculos. Primeiramente analisei o período Contemporâneo. Depois, voltando para o passado mais próximo, esquadrinhei a vertente do período anterior, o período Medieval. Passados uns bons quinze anos de estudos, tendo esgotado a literatura disponível, estava na hora de viajar à Índia para pesquisar *in loco*. Em Bombaim (hoje, Mumbai), enfurnei-me nos ensinamentos do período Clássico; e nos Himálayas em tradições, talvez, mais antigas. Um belo dia, descortinei uma modalidade que ficara perdida durante séculos: o legado Pré-Clássico. Mais de vinte anos se passaram, durante os quais, indo e vindo da Índia, tratei de aprofundar minha pesquisa nos Shástras, na meditação e nos debates com swámis e saddhus de várias Escolas. O resultado foi impactante e pode mudar a História. Desejo uma boa leitura para você.

1

DO PORQUÊ DESTA TRADUÇÃO

O que me levou a editar esta obra originalmente em 1982 foi o fato curioso de que a maior parte das traduções do ***Yôga Sútra*** que se tornaram populares no Ocidente foi feita sem a assistência de um Mestre de Yôga! Tal consultoria é absolutamente imprescindível, pois não basta conhecer a língua sânscrita para conseguir uma tradução correta. É preciso conhecer a filosofia de que o texto está tratando para que seja coerente.

Imagine o leitor se seria possível a uma pessoa que conhecesse bem o latim (o sânscrito também é língua morta), traduzir desse idioma um texto de mais de dois mil anos sobre medicina antiga sem o auxílio de um médico e mais: um que fosse versado na linguagem acadêmica daquela época. O resultado seria uma coletânea de impropriedades como as que coalham as versões dos livros de Yôga nas línguas modernas e, mormente, as da obra clássica de Pátañjali. Tal importância fica mais eloquente quando se sabe que no sânscrito cada vocábulo pode ter muitos significados diferentes. Esse é o caso da própria palavra Yôga. Por isso, quando Pátañjali diz, no capítulo I, sútra 1, que vai falar de Yôga, no versículo imediato ele se apressa em definir o que entende por esse termo.

A ignorância do sânscrito e do Yôga foi atroz em algumas traduções, numa flagrante falta de respeito para com o leitor que, ao ler um livro, empresta seu voto de confiança pelo que lá está escrito. Esse é um dos motivos pelos quais recomendo que, em se tratando do ***Yôga Sútra***, procure-se comparar sempre o máximo de traduções para poder ter uma ideia mais abrangente do assunto.

NÃO BASTA CONHECER O YÔGA

Não basta, tampouco, conhecer o Yôga, simplesmente. Torna-se necessário levar em conta as várias linhas que existiram nas diversas épocas. Não se pode ignorar que, na época de Pátañjali, o Yôga seguia as tendências Brahmacharya e Sámkhya (Sêshwarasámkhya). Essa é uma questão da mais alta importância uma vez que os tradutores em geral cometem distorções pela influência do seu próprio tipo de Yôga, quase sempre Vêdánta, ou seja, nada menos que o oposto filosófico do Sámkhya que pretendem explicar... Seria algo como uma tradução dos Evangelhos feita por Karl Marx.

Tempo, paciência, muito trabalho e investimento financeiro também são necessários para se obter uma boa tradução. No meu caso, precisei de 22 anos de trabalho e várias viagens à Índia para concluir a versão provisória, que editei em 1982, numa pequena tiragem. Essa primeira edição foi realizada apenas para poder submeter o resultado obtido a estudiosos de várias partes do mundo. Com os subsídios assim angariados, pude prosseguir por outros trinta anos. A presente edição é o que consegui de mais fiel ao texto original[2] e, ao mesmo tempo, inteligível para quem tenha um mínimo de estudo sério sobre o Yôga Clássico. Não se trata de uma tradução literal e sim de uma tradução interpretativa, que busca proporcionar ao estudioso contemporâneo o mais próximo e o mais claro possível do pensamento Sêshwara Sámkhya Yôga de Pátañjali. Procurei evitar termos desnecessariamente complicados, e se restaram alguns, foi por absoluta contingência.

[2] A versão de 2016 foi criteriosamente revista pelo Prof. Milton Marino. Esse estudioso e as professoras Melina Flores e Diana Raschelli, fizeram uma laboriosa pesquisa que aprimorou a acentuação de algumas palavras e muito contribuiu para o rigor desta tradução.

2

Sem comentários

Ao longo de décadas, exercitei a perplexidade ao ler alguns comentários escritos por tradutores do ***Yôga Sútra***, absurdos e discrepantes entre os autores. Desde bem jovem, concluí que o problema era que cada qual interpretava os sútras. Ou seja, cada autor expunha opiniões baseadas em seus estudos, expectativas, crenças, costumes, tabus etc. Essa parecia ser a razão de tantas divergências. Sem dúvida, Pátañjali não quis dizer nada daquilo. Tais comentários eram pautados pelas limitações de cada comentador e, inclusive, pelos paradigmas da tradição ou corrente que cada um seguia. Uma coisa era certa: os comentadores estavam muito aquém da sabedoria do autor dos sútras. Consequentemente, ofereciam ao leitor uma visão muito diferente, confusa e inferior ao sentido que Pátañjali quis transmitir.

E por que seria necessário comentar os sútras? Por que não permitir que o leitor lesse o texto original e chegasse às suas próprias conclusões? A resposta pode ser escandalosamente óbvia. Em várias traduções, o texto original estava muito mal traduzido e não fazia sentido. O tradutor, nesses casos, recorrera exclusivamente ao dicionário, o qual nos fornece acepções muitas vezes diferentes daquela que foi proposta pelo autor. Veja o caso da palavra *chauvinista*. Desde a década de 1960, esse termo é utilizado com o sentido de machista ("porco chauvinista", aplicado nos Estados Unidos pelas feministas daquela época). No entanto, vários dicionários só contemplam a acepção de "aquele que tem patriotismo exacerbado." [3]. Se alguém fosse traduzir um texto da Women`s Lib em que aparecesse a expressão chauvinista, utilizando somente o dicionário, certamente, faria uma tradução alucinada. Ninguém compreenderia por que um movimento feminista criticaria com tanta ferocidade alguém que fosse exageradamente patriótico! Então, tornar-se-ia necessário um comentário do tradutor, para tentar explicar o motivo pelo qual o autor teria declarado que as feministas são contra o nacionalismo – o que não é verdade. Isso foi o que aconteceu com várias traduções do ***Yôga Sútra***.

De todas as que conheci, esta que tenho o privilégio de oferecer ao leitor é a tradução mais compreensível. Esforcei-me para consegui-lo, já que eu mesmo, quando jovem, fui vítima de traduções confusas e sem sentido.

Passei décadas buscando fazer uma tradução que fosse fiel, que respeitasse o sentido da tradição de um Yôga de fundamentação Sámkhya e que pudesse ser compreendida por leitores de todos os níveis, desde o quase leigo até o robustamente erudito.

Assim sendo, nesta nossa tradução é desnecessária a utilização de comentários. Prefiro estimular a capacidade do leitor de esforçar-se por compreender, por si mesmo, o que Pátañjali quis dizer, sem a interferência da opinião do tradutor.

3 Chama-se comumente chauvinismo à crença narcisista próxima à mitomania de que as propriedades do país ao qual se pertence são as melhores sob qualquer aspecto. O termo provém da comédia francesa *La Cocarde Tricolore* ("A Insígnia Tricolor"), dos irmãos Cogniard, na qual um ator chamado Chauvin personifica um patriotismo exagerado.

3

O YÔGA E PÁTAÑJALI

O Yôga é dividido em dois grandes grupos: Yôga Antigo e Yôga Moderno. O Yôga Antigo subdivide-se em *Pré-Clássico* e *Clássico*. O Yôga Moderno, em *Medieval* e *Contemporâneo*. Cada uma dessas subdivisões tem características que a distinguem tanto das demais, que passaram a ser conhecidas como troncos. De cada tronco, nasceram vários ramos de Yôga.

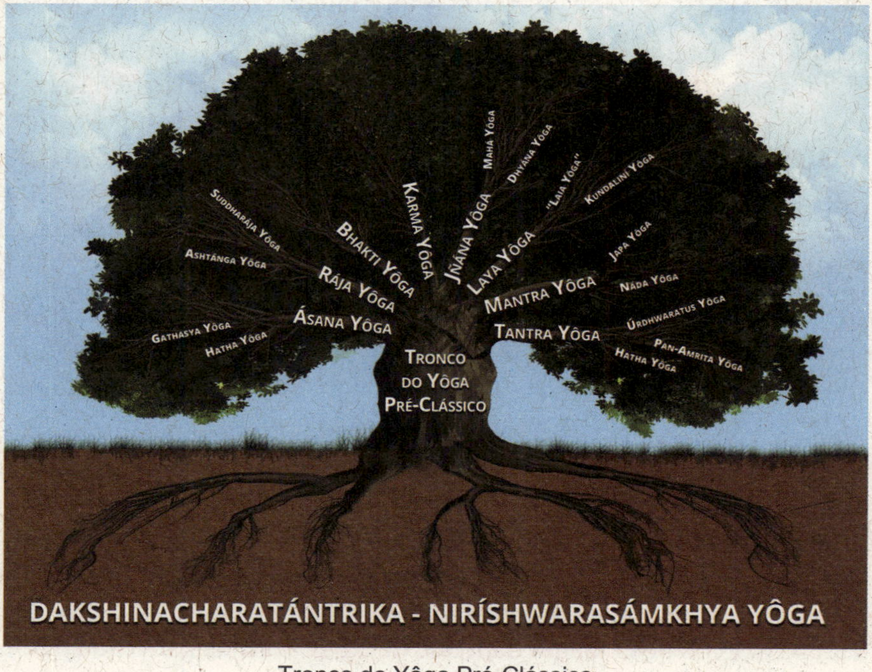

Tronco do Yôga Pré-Clássico

Os ramos de Yôga são as diversas modalidades, tais como: Ásana Yôga, Rája Yôga, Bhakti Yôga, Karma Yôga, Jñána Yôga, Layá Yôga, Mantra Yôga, Tantra Yôga etc. Em princípio, cada um desses ramos pode pertencer a qualquer tronco (fora as exceções). Os troncos determinam a fundamentação filosófica global e a postura comportamental genérica. Por outro lado, os ramos definem que técnicas vão ser utilizadas e em que proporção.

Por exemplo, os troncos determinam se a fundamentação será Sámkhya (Yôga Antigo) ou Vêdánta (Yôga Moderno); e se a atitude comportamental adotada será Tantra (Yôga Pré-Clássico) ou Brahmacharya (Yôga Clássico e Medieval).

Já os ramos definem se as técnicas serão constituídas por mudrás, pújás, mantras, pránáyámas, kriyás, ásanas, yôganidrás, dháranás, dhyánas etc. Ou ainda, se serão utilizados dois ou mais desses grupos de técnicas em diferentes combinações e em específicas proporções. Caso todos esses recursos sejam utilizados juntos no sádhana, a prática regular, então nós teremos o Yôga mais antigo, do qual nasceram todos os ramos e que, portanto, continha em si todas as técnicas. Esse é o Pré-Clássico.

Sabendo-se que o Sámkhya é naturalista e o Vêdánta, espiritualista; que o Tantra é matriarcal; e que o Brahmacharya, ao contrário, é patriarcal, percebe-se que cada tronco confere cores bem distintas a cada modalidade. Noutras palavras, o mesmo conjunto de técnicas (Ásana Yôga, Rája Yôga, Bhakti Yôga etc.) poderá ser professado sob uma interpretação cultural absolutamente diferente e, com frequência, até divergente das demais.

Um Bhakti Yôga (devocional) de linha Vêdánta será espiritualista e cultuará santos e deuses. Em contrapartida, o mesmo ramo, Bhakti Yôga, de linha Sámkhya, antiga e autêntica, será naturalista e reverenciará a Natureza. O Sámkhya mais primitivo é o Niríshwarasámkhya e essa modalidade tem muitos conceitos que lembram os ambientalistas e os ecologistas do século XXI.

Essas criativas *receitas* foram elaboradas empiricamente ao longo de 5000 anos para adaptar-se a diferentes tipos de praticantes. As combinações entre si alcançam uma variedade incalculável e, pode-se dizer, há pelo menos uma modalidade de Yôga perfeita para cada pessoa.

Ou seja, um método ideal para conduzi-la à meta, que é o samádhi (a hiperconsciência), desenvolvendo adicionalmente, durante a jornada, uma série de efeitos colaterais para a saúde que o leigo confunde com a finalidade do Yôga em si. Confunde os meios com os fins.

Onde entra o ***Yôga Sútra*** nesse complexo cenário? Os Aforismos (Sútras) do Yôga e seu autor, o sábio Pátañjali, foram responsáveis pela formalização do Yôga Clássico. Sua importância foi muito grande, pois graças a Pátañjali o Yôga passou a ser reconhecido pelos indianos de antanho como um darshana, um dos seis *pontos de vista* da filosofia hindu.

A maior parte dos escritores da Índia atribui uma idade de mais de 2000 anos à obra de Pátañjali. Menciona-se o século III ou II antes de Cristo como a época em que o ***Yôga Sútra*** foi elaborado. No Ocidente, porém, é popular a opinião de que teria sido estruturado seiscentos ou setecentos anos depois, lá pelo século IV d.C.

De qualquer forma é um dos livros de Yôga mais antigos e detém o mérito de ter constituído a codificação do Yôga Clássico, portanto, ter inaugurado formalmente a tradição de Yôga Sámkhya-Brahmacharya. Assim sendo, o ***Yôga Sútra*** é literatura obrigatória para os estudiosos que buscam as raízes mais antigas a caminho das origens do Yôga. Seria arriscado assestar nossas lunetas para o Yôga Pré-Clássico sem ter passado antes pela erudição do Clássico.

O que havia antes do Yôga Clássico? Existiria algo ainda mais ancestral? Por certo que sim. A cultura indiana é extremamente antiga. Historicamente podemos ultrapassar 5000 anos sem nenhum receio. Arqueologicamente conseguimos recuar muito mais.

Se Pátañjali codificou algo que passou a denominar-se Yôga Clássico, essa é a maior demonstração de que existira antes um Yôga mais arcaico. Nada nasce já clássico. Antes da música clássica existiu música primitiva. Antes da dança clássica existiu a dança primitiva. Da mesma forma, antes do Yôga Clássico existiu um Yôga primitivo. Por isso, não é correto chamar Pátañjali de "Pai do Yôga", como ocorre com certa frequência, uma vez que ele não criou o Yôga e que essa filosofia já tinha milênios quando o autor do ***Yôga Sútra*** nasceu.

A conscientização deste fato é parâmetro fundamental na busca das origens. Muitos estudiosos só recuaram até Pátañjali em suas pesquisas e por ali ficaram, supondo que tinham chegado ao que havia de mais remoto. Isso induziu ao erro muita gente bem intencionada que se convenceu de que o Yôga mais antigo era de fundamentação Sêshwarasámkhya e Brahmacharya.

Contudo, se realizarmos uma busca mais profunda, vamos descobrir que o Yôga original era de tradição Tantra-Sámkhya (Dakshinacharatántrika-Niríshwarasámkhya Yôga). Essa estirpe surgiu na civilização drávida, milênios mais antiga do que a cultura ariana que se instalou na Índia por volta de 1500 a.C. Dela nasceram os oito ramos mais antigos: Ásana Yôga, Rája Yôga, Bhakti Yôga, Karma Yôga, Jñána Yôga, Layá Yôga, Mantra Yôga e Tantra Yôga. Destes, nasceram todos os demais. Logo, o Yôga Pré-Clássico possuía em seu patrimônio o germe de todas as demais modalidades.

Recordando, temos um tronco de Yôga Pré-Clássico, que é de linha Tantra-Sámkhya (TS); um de Yôga Clássico, que é Brahmacharya-Sámkhya (BS); um de Yôga Medieval, que é Brahmacharya-Vêdánta (BV); e um de Yôga Contemporâneo, que é Tantra-Vêdánta (TV).

O Yôga Contemporâneo, instaurado a partir do século XIX, é praticamente desconhecido, pois ainda não teve tempo para fazer frente à enorme produção literária do período precedente, o medieval. Este contou com os últimos mil anos para gerar uma quantidade inimaginável de livros, Mestres e escolas, que ainda constituem maioria absoluta.

Além de haver poucas obras e escolas representantes do período contemporâneo, ainda contamos com mais um inconveniente que é a aparição de um deterioramento consumista que surgiu no Ocidente em pleno século XX. Ela é formada por uma absurda inversão de valores cometida em função da barbárie da desinformação e interesses pecuniários. Essa vertente não tem nada a ver com o Yôga legítimo e chega a lhe ser francamente antagônica. Trata-se de uma crassa deturpação vendida por ensinantes sem habilitação e consumida por um público pouco exigente.

Felizmente um número cada vez maior de pessoas está se interessando mais, procurando bons livros e professores formados. A prova disso é que você está lendo esta interpretação do livro clássico de Pátañjali, cujo estudo não deixa de ser uma empreitada difícil.

4

A VERDADE SOBRE O YÔGA CLÁSSICO

O Yôga Clássico, ou Rája Yôga, é o Yôga de Pátañjali e seu texto básico é o ***Yôga Sútra***. O Yôga Clássico é constituído pelas oito partes mencionadas no capítulo I, sútra 29, do ***Yôga Sútra***:

l) yama	- cinco proscrições éticas;
2) niyama	- cinco prescrições éticas;
3) ásana	- técnicas orgânicas;
4) pránáyáma	- expansão da bioenergia através de respiratórios;
5) pratyáhára	- abstração dos sentidos externos;
6) dháraná	- concentração mental;
7) dhyána	- meditação;
8) samádhi	- estado de hiperconsciência.

De acordo com a tradição do verdadeiro Yôga Clássico, o discípulo somente passa ao anga seguinte quando já dominou o precedente. Isso significa que, no Rája Yôga, antes de praticar técnicas corporais ou respiratórias, o instrutor só pode ensinar a parte ética – cinco yamas e cinco niyamas – e assim permanecer durante, anos, até que os discípulos já tenham assimilado na sua vida cotidiana esses rígidos princípios morais. Acontece que muitos ensinantes de Yôga Clássico não cumprem tais normas éticas e nem mesmo as conhecem. São elas:

Yamas-	ahimsá	(não agredir);
	satya	(não mentir);
	astêya	(não roubar);
	brahmacharya	(não dissipar a sexualidade);
	aparigraha	(não ser possessivo).

Niyamas -	shaucha	(limpeza);
	santôsha	(alegria);
	tápas	(autossuperação);
	swádhyáya	(auto-estudo);
	íshwara pranidhána	(auto-entrega).

No que concerne ao ahimsá, a não-agressão, conhecemos um bom número de supostos yôgins e ensinantes que agridem seus colegas só porque eles professam outra linha de Yôga.

Quanto ao satya, não mentir, muitos são os que afirmam inverdades bem graves sobre o Yôga e sobre os seus colegas. Como acreditar num instrutor que mente?

Mais frequente ainda é o desrespeito ao astêya, não roubar, pois cotidianamente detectamos o roubo de ideias, métodos, conceitos, frases e até textos inteiros, utilizados por um instrutor ou escritor, sem render o devido crédito autoral a quem de direito. Um caso vergonhoso foi um livro de *"ióga"*, assinado por alguém que usava nome suposto, e que era o plágio despudorado do livro *Filosofia Hermética*, psicografado por K. Barkel, publicado em 1968 pela FEEU (Fundação Educacional e Editorial Universalista) de Porto Alegre, sobre um assunto que nada tinha a ver com o Yôga nem com *"a ióga"*, copiado na íntegra. O leitor leigo, que não entende coisa alguma, compra, lê e baralha tudo.

Não apenas o Yôga Clássico, mas qualquer ramo de Yôga de linha brahmacharya, reconhece o quarto yama como sendo uma restrição clara e absoluta à atividade sexual. Somente as modalidades de Yôga de tradição shakta é que admitem um sentido mais natural, pois utilizam a sexualidade como ferramenta para alavancar a evolução interior. Contudo, não nos esqueçamos, esta é uma visão shakta da sexualidade. O Yôga Clássico é brahmacharya: determina que o sexo seja evitado até em pensamentos. Mesmo na seleção dos alimentos proíbe sumariamente, por exemplo, a ingestão do alho e da cebola por estimularem a sexualidade. Um praticante autêntico de Yôga Clássico não deveria ser casado. Muito menos um instrutor dessa modalidade.

QUADRO COMPARATIVO DO YÔGA DE PÁTAÑJALI COM OS VEÍCULOS DE MANIFESTAÇÃO DO SER HUMANO, SEUS CHAKRAS E ESTÁGIOS EVOLUTIVOS						
BÍJA	CHAKRA	ANGA	SIGNIFICADO	VEÍCULO	NÍVEL DE CONSCIÊNCIA	ESTÁGIO EVOLUTIVO
ÔM	sahásrara	samádhi	iluminação	mônada	hiperconsciente	yôgi[4]
	ájña	dhyána	meditação	intuicional	superconsciente	yôgin[5]
HAM	vishuddha	dháraná	concentração	mental	consciente	hominal
YAM	anáhata	pratyáhára	abstração	emocional	subconsciente	animal
RAM	manipura	pránáyáma	respiratórios	físico energético	inconsciente	vegetal
VAM	swádhisthána	ásana	posições	físico denso		mineral
LAM	múládhára	niyama	prescrições éticas	alicerce comportamental	Os angas yama e niyama não são técnicos e, portanto, não atuam em nenhum veículo, mas proporcionam o alicerce desta estrutura.	

Fora isso, o fato de o candidato à prática do Yôga Clássico ter que iniciar por um demorado processo de reeducação moral antes de aprender qualquer técnica; estabelece uma verdadeira barreira que bloqueia o interesse do público.

Mesmo na etapa seguinte, a das técnicas corporais, o Yôga Clássico não possui em seu acervo mais do que posturas de meditação, sentadas e paradas. Isso constitui outro obstáculo para a captação de alunos em número suficiente para manter um estabelecimento que se dedicasse a essa modalidade de Yôga. Somente os Yôgas de tradição tântrica possuem uma grande variedade de técnicas orgânicas. E todos sabem, ou deveriam saber, que não se podem misturar procedimentos tântricos com outros de tradição antitântrica!

A conclusão é a de que o Yôga Clássico possui uma tal profundidade e complexidade que é simplesmente impraticável sua aplicação em "academias de yóga" ocidentais. Preconceito? De forma alguma. Sou o primeiro a defender a igualdade dos homens, sejam eles orientais ou

---

4 Outra nomenclatura, utilizada por Escolas filosóficas do Ocidente, é *Adepto* – sempre escrita com inicial maiúscula.

5 yôgin é aquele que pratica Yôga. O feminino é yôginí. Outra nomenclatura, utilizada por filosofias ocidentais, é iniciado. Utiliza-se com ***i*** inicial minúscula quando recebeu as iniciações menores e com maiúscula quando recebeu as Iniciações Maiores. No sânscrito, yôgin/yôginí é escrito sempre com minúsculas. Quando o yôgin recebe as Iniciações Maiores ele é investido de outros graus, geralmente secretos.

ocidentais e, como tal, o Yôga como um patrimônio da Humanidade. No entanto, pelos fatores meramente culturais que foram mencionados, o público não despenderia tempo e dinheiro para dedicar-se a um trabalho tão sério quanto sem atrativos consumistas. Somente estudiosos de alto padrão conseguem entender as propostas do Yôga de Pátañjali. Ele é produto de uma codificação que não apela para a terapia nem para o misticismo. Como se sabe, estas duas abordagens (terapia e misticismo) são altamente comerciais e o Yôga Antigo não compreendia tais propostas. O Yôga da antiguidade clássica e pré-clássica situa-se como uma filosofia técnica de bases naturalistas (Sámkhya), portanto, sem o espiritualismo que lhe foi atribuído a posteriori.

Quadro com os Corpos do Homem e os Planos do Universo
suas relações com os patamares de consciência e as técnicas do Yôga de Pátañjali

DIMENSÕES	NÍVEIS DE CONSCIÊNCIA	PLANOS DO UNIVERSO	CORPOS DO HOMEM		NOMES SEGUNDO O VÊDÁNTA	YÔGA DE PÁTAÑJALI	SAMSÁRA
7ª D	hiperconsciente	plano monádico	mônada / *self* / o ser		mônada	samádhi	△ Tríade Superior (Individualidade)
6ª D	superconsciente	plano intuicional	corpo intuicional / buddhi		ánanda máyá kôsha	dhyána	
5ª D	consciente	plano mental	corpo mental	superior	vijñána máyá kôsha	dháraná	
				inferior	manômáyá kôsha		□ Quaternário Inferior (Personalidade)
4ª D	subconsciente	plano astral	corpo emocional / astral		káma máyá kôsha	pratyáhára	
3ª D	inconsciente	plano físico	corpo físico	energético	prána máyá kôsha	pránáyáma	
				denso	anna máyá kôsha	ásana	

Para mais esclarecimentos a respeito dos quadros sinópticos deste capítulo, recomendamos a leitura do nosso livro ***Corpos do Homem e Planos do Universo***, do selo editorial Egrégora, São Paulo.

5

O YÔGA CLÁSSICO NÃO É O MAIS ANTIGO

NADA NASCE JÁ CLÁSSICO

Não há nada de novo
a não ser o que foi esquecido.
Rose Berlin

Em nossos estudos e mais de 20 anos de viagens à Índia detectamos um erro gravíssimo cometido pela maior parte dos autores de livros e pela maioria dos professores. Declaram eles com frequência que o mais antigo é o Yôga Clássico, do qual ter-se-iam originado todos os demais. É muito fácil provar que estão sofrendo de cegueira paradigmática. Para começo de conversa, nada nasce já clássico. A música não surgiu como música clássica. Primeiro nasceu a música primitiva que foi origem de todas as outras até que, muito tempo depois, apareceu a música clássica. A dança é outro exemplo eloquente. Primeiro surgiu a dança primitiva que deu origem a todas as outras modalidades e precisou consumir milhares de anos até chegar a um tipo chamado dança clássica. **Nada nasce já clássico.** E assim foi com a nossa tradição ancestral. Inicialmente, nasceu o Yôga Primitivo, Pré-Clássico, pré-ariano, pré-vêdico, proto-histórico. Ele precisou se transformar durante milhares de anos para chegar a ser considerado Clássico. Provado está que o Yôga Clássico não é o mais antigo, consequentemente, não nasceram dele todos os demais – o Pré-Clássico, por exemplo, não nasceu dele.

DOCUMENTAÇÃO BIBLIOGRÁFICA

Além dessa demonstração, textos que precederam período clássico já citavam o Yôga (consulte as Upanishadas, pois é onde se encontram as mais antigas referências ao Yôga, e também a Bhagavad Gítá e o Mahá Bhárata). Fora isso, nas escavações em diversos sítios arqueológicos foram encontradas gravações em selos de pedra com posições de Yôga muito anteriores a àquela época.

QUAL É MESMO A ANTIGUIDADE DO YÔGA?

É interessante porque, ao mesmo tempo em que todos os autores afirmam que o Yôga tem mais de 5000 anos de existência, a maioria declara que o mais antigo é o Clássico, o qual foi surgir apenas no século terceiro antes da Era Cristã, criando uma lacuna de 3000 anos, o que constitui incoerência, no mínimo, em termos de matemática!

Mas como doutos escritores e Mestres honestos puderam cometer um erro tão primário?

Acontece que a Índia foi ocupada pelos áryas, cujas últimas vagas de ocupação ocorreram a cerca de 1500 a.C. Isso foi o golpe de misericórdia na Civilização do Vale do Indo, de etnia dravídica. Conforme registraram muitos historiadores, os áryas eram na época um povo nômade guerreiro sub-bárbaro. Precisou evoluir mil e quinhentos anos para ascender à categoria de bárbaro durante o Império Romano. A Índia foi o único país que, depois de haver conquistado a arte da arquitetura, após a ocupação ariana passou séculos sem arquitetura alguma, pois seus dominadores sabiam destruir, mas não sabiam construir, já que eram nômades e viviam em tendas de peles de animais.

Como sempre, "ai dos vencidos". Os arianos aclamaram-se raça superior promoveram uma *limpeza étnica* e destruíram todas as evidências da civilização anterior. Essa eliminação de evidências foi tão eficiente que ninguém na Índia e no mundo inteiro sabia da existência da Civilização do Vale do Indo, até o final do século XIX, quando o arqueólogo inglês Alexander Cunningham decidiu investigar umas ruínas em 1873. Por isso, as Escrituras hindus ignoram o Yôga Primitivo e começam a História no meio do caminho, quando esse nobre sistema já havia sido arianizado.

Tudo o que fosse dravídico era considerado inferior, assim como o fizeram nossos antepassados europeus ao dizimar os aborígines das

Américas e usurpar suas terras. O que era da cultura indígena passou a ser considerado selvagem, inferior, primitivo, indigno e, até mesmo, pecaminoso e sacrílego. Faz pouco menos de quinhentos anos que a cultura europeia destruiu as Civilizações Pré-Colombianas e já quase não há vestígio das línguas (a maioria foi extinta), assim como da sua medicina, das suas crenças e da sua engenharia que construiu Machu Picchu, as pirâmides da América Latina, os templos e as fortalezas, cortando a rocha com tanta perfeição sem o conhecimento do ferro e movendo-as sem o conhecimento da roda.

Da mesma forma, na Índia, após 3500 anos da ocupação ariana, não restara vestígio algum da extinta Civilização Dravídica. O Yôga mais antigo? "Só podia ser ariano!" Descoberto o erro histórico há mais de cem anos, já era hora de os autores de livros sobre o assunto pararem de simplesmente repetir o que outros escreveram antes dessa descoberta e admitirem que existira, sim, um Yôga arcaico, Pré-Clássico, pré-vêdico, pré-ariano, que era muito mais completo, mais forte e mais autêntico, justamente por ser o original.

> "De fato, uma vez que a opinião tinha um bom número de vozes que a aceitavam, os que vieram depois supuseram que só podia ter tantos seguidores pelo peso concludente de seus argumentos. Os demais, para não passar por espíritos inquietos que se rebelam contra opiniões universalmente aceitas, são obrigados a admitir o que todo o mundo já aceitava. Daí para a frente, os poucos que forem capazes de julgar por si mesmos se calarão. Só poderão falar aqueles que sejam o eco das opiniões alheias, por serem totalmente incapazes de ter um juízo próprio. Estes, aliás, são os mais intransigentes defensores dessas opiniões. Estes odeiam aquele que pensa de modo diferente, não tanto por terem opinião diversa da dele, mas pela sua audácia de querer julgar por si mesmo, coisa que eles nunca conseguirão fazer e estão conscientes disso. Em suma, são muito poucos os que podem pensar, mas todos querem dar palpite. E que outra coisa lhes resta senão tomar as opiniões de outros em lugar de formá-las por conta própria? Como isto é o que sempre acontece, que valor pode ter a voz de centenas de milhões de pessoas? **Valem tanto quanto um fato histórico que se encontre registrado por cem historiadores, quando, na verdade, todos se copiaram uns aos outros, e tudo se resume, em última análise, a um só testemunho."**
>
> Schopenhauer,
> citando Bayle em *Pensées sus* les Comètes* (o negrito é nosso).

* Como alguns leitores corrigiram *sus* para *sur*, inserimos aqui a explicação do dicionário *Petit Robert de la Langue Française*: Sus [sy(s)] adv. Xe; du latin *susum*, variante de *sursum* "en haut" 1. vx *Courrir sus à l'enemi*, l'ataquer

Consulte o quadro *Cronologia Histórica do Yôga*, no final do próximo capítulo, o qual resume e esquematiza o que foi fundamentado aqui.

6

VAMOS ENTENDER OS 4 TRONCOS DO YÔGA

Regra áurea do magistério: dizer o óbvio
e ainda repetir três vezes.
DeRose

Declarar simplesmente que você estuda, pratica ou ensina Yôga não ajuda muito a identificar o que você faz, pois o nome Yôga pode designar quatro linhas diferentes e divergentes.

Veja o quadro abaixo:

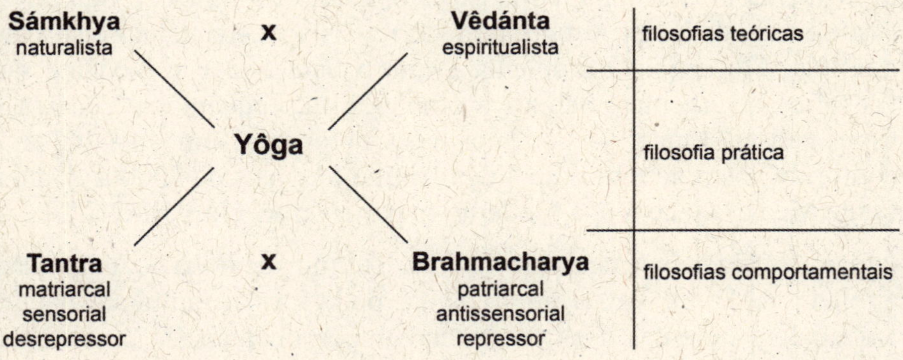

Os cinco sistemas acima são independentes uns dos outros, mas influenciam-se reciprocamente devido à proximidade territorial e ao tempo de centenas ou milhares de anos em que conviveram lado a lado. Cada qual teve sua origem separada e existe independentemente dos demais. Os dois de cima, Sámkhya e Vêdánta, são teóricos. O do meio, o Yôga, é uma filosofia prática. Os dois de baixo são comportamentais, sendo que a maioria dos estudiosos não reconhece o Brahmacharya como filosofia e sim como apenas uma tradição de comportamento.

No que diz respeito à classificação do Yôga, o conceito de filosofia prática é desconhecido no Ocidente. Academicamente, só se reconhece como filosofia aquela de tradição grega, que nasceu do Sámkhya, portanto é teórica. Consta que no início da Grécia Clássica alguns filósofos indianos foram importados por Atenas. Como nesse período a Índia também estava passando por seu período clássico, a filosofia vigente era o Sámkhya. Daí as semelhanças entre o Sámkhya e muitos dos princípios da filosofia helênica.

O YÔGA NÃO TEM TEORIA ESPECULATIVA, LOGO, NÃO PODE DOUTRINAR

Consideramos como uma das maiores virtudes do Yôga sua natureza puramente técnica. Não tem teoria[6], consequentemente não pode fazer catequese, não interfere nas crenças nem nas questões de foro íntimo.

Pelo fato de o Yôga ser estritamente prático, quando precisamos fundamentá-lo com uma teoria especulativa, recorremos ao Sámkhya, caso se trate de Yôga Antigo; ou recorremos ao Vêdánta, caso se trate de Yôga Moderno. O problema é que o Sámkhya e o Vêdánta são filosofias divergentes. Sámkhya é naturalista, enquanto o Vêdánta é espiritualista. Então, já podemos vislumbrar aqui um antagonismo, conforme nos reportemos ao Yôga Antigo (de mais de 3000 a.C. até a Idade Média) ou ao Yôga Moderno (a partir do século VIII d.C.).

Isto posto, independentemente de uma determinada linha de Yôga estar atrelada ao Sámkhya ou ao Vêdánta, poderá estar simultaneamente associada a uma das duas correntes comportamentais, o Tantra ou o Brahmacharya. Ocorre que essas duas são ainda mais antagônicas, já que o Tantra é de características matriarcais, sensoriais e

---

6 Se o Yôga não tem teoria, de que tratam os textos de Yôga, inclusive este mesmo livro? As obras literárias sobre Yôga podem conter em suas páginas a explicação da prática, história, opiniões dos autores, fundamentação Sámkhya ou Vêdánta e, ainda, conceitos do Tantra ou do Brahmacharya. No entanto, Yôga mesmo é quando você cala a boca e pratica.

desrepressoras, e o Brahmacharya possui características patriarcais, anti-sensoriais e repressoras.

Isto já deve estar bem compreendido pelo leitor, mas como trata-se de nomenclatura sânscrita e são conceitos novos para muita gente, é melhor pagar o ônus de uma repetição do que superestimar a capacidade de assimilação da matéria e passar batido pela possibilidade de algum estudante não haver compreendido com a clareza necessária.

Como se processou a transformação

No período mais antigo, Pré-Clássico, o Yôga tinha raízes Tantra e Sámkhya (TS). No período Clássico, preservou a raiz Sámkhya, mas, com a ocupação ariana, passou a ser Brahmacharya (BS), uma vez que esse era o modelo comportamental dos áryas. Na Idade Média, no século VIII d.C., Shankarácharya converte os hindus em massa para sua filosofia, o Vêdánta, que já existia anteriormente, sistematizado por Bádaráyana, mas na antiguidade não era tão popular. O Yôga Medieval preserva o Brahmacharya, porém torna-se Vêdánta (BV). No final do século XIX surge o Yôga Contemporâneo. Neste, o Vêdánta é preservado, mas o Brahmacharya cede lugar ao Tantra (TV), que começa a se recuperar na opinião pública.

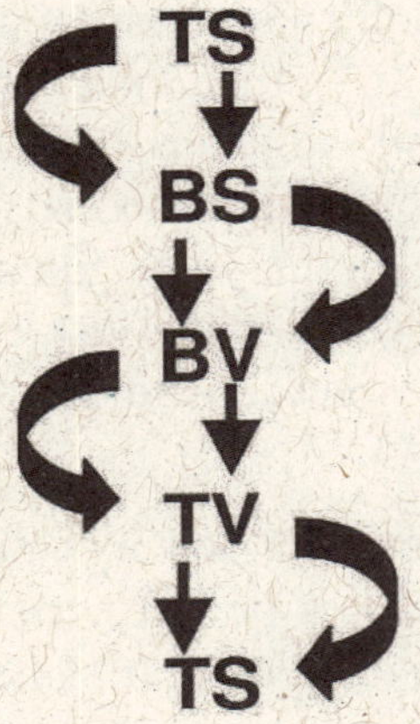

Note que, sempre, uma das duas raízes é substituída e outra é preservada, pois se ambas fossem alteradas ao mesmo tempo as pessoas rechaçariam a proposta por não reconhecê-la. Dessa forma, as mudanças foram se processando lentamente. Se durante cinco mil anos esse processo obedeceu a um padrão, podemos fazer uma projeção para o futuro com uma boa margem de precisão. Assim, na década de 1960 deduzimos que a próxima tendência seria novamente Tantra-Sámkhya, como nas origens. Ensinamos isso durante mais de quarenta anos e, finalmente, ocorreu. Na passagem ao ano 2000 o Yôga Pré-Clássico, de raízes Tantra-Sámkhya, desencadeou um expressivo crescimento.

A mesma explicação que estudamos acima em diagrama linear, vejamos agora numa óptica circular. Tudo começa no ápice do círculo, com a linhagem original TS (Tantra-Sámkhya). Os yôgins desse período eram naturais, felizes, espontâneos, sem repressões e sem patrulhamento ideológico.

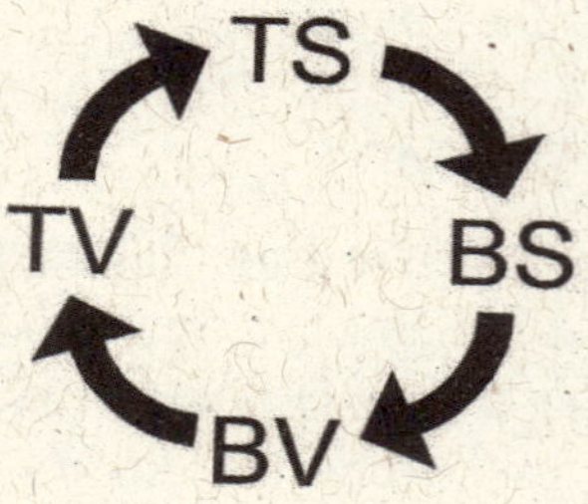

Devido à invasão ariana, o Yôga sofre uma modificação e torna-se BS (Brahmacharya-Sámkhya). É a primeira grande alteração. Os yôgins, a partir dessa época passam a se reprimir e aplicar autocontrole. Todos os prazeres, principalmente o sexual, sofrem uma caça às bruxas.

Na Idade Média o Yôga sofre outro golpe e vai ao ponto mais diametral, tornando-se BV (Brahmacharya-Vêdánta), o oposto literal da proposta original. Além da repressão sexual e outras restrições monásticas, essa modalidade induz, no Ocidente, a um distúrbio que denominamos *delirium mysticum*. Seguindo nossa trajetória circular, por força da inércia ocorre uma discreta recuperação. É o movimento contemporâneo, que começou no século dezenove, TV (Tantra-Vêdánta).

No Tantra-Vêdánta, o Yôga ainda é místico, mas já torna a ser matriarcal, sensorial e desrepressor. Volta, portanto, a permitir, pelo menos em parte, que as pessoas sejam elas mesmas, que os praticantes possam dançar e amar de forma espontânea e saudável.

Prosseguindo em sua ascensão de volta às origens, o Yôga retorna à sua posição original, TS (Tantra-Sámkhya). É o Yôga do Terceiro Milênio! Surpreendentemente, o habitante do "futuro-que-chegou", o jovem do século XXI, abraça incondicionalmente, com grande entusiasmo, o Yôga mais antigo, que é também o mais vanguardeiro.

No entanto, a volta às origens não é bidimensional como no círculo desenhado no papel. O processo evolutivo é, na verdade, uma espiral. Portanto, ao retornar às origens, o Tantra-Sámkhya está num outro patamar, milhares de anos no futuro em relação àquela estrutura das aldeias proto-históricas.

Associemos agora cada tronco a um período histórico

Yôga Antigo	TS (Tantra-Sámkhya)	Pré-Clássico
	BS (Brahmacharya-Sámkhya)	Clássico
Yôga Moderno	BV (Brahmacharya-Vêdánta)	Medieval
	TV (Tantra-Vêdánta)	Contemporâneo

Como identificar cada tronco

Ora, cada uma das vertentes mencionadas tem suas características típicas de cada momento histórico e cada qual é divergente das demais. Por exemplo:

a) Um yôgin do tronco Pré-Clássico

[T] Por ser tântrico, seu comportamento é pautado pelo matriarcalismo, pela sensorialidade e pela desrepressão. Logo, coloca a mulher numa posição privilegiada na família, na sociedade, e na administração pública; cultiva uma sexualidade plena e exuberante, com ternura, sem culpas nem malícias.

[S] Por ser Sámkhya, é naturalista (não-espiritualista) e interpreta os fenômenos desencadeados pelo Yôga como ocorrências que obedecem às leis da Natureza e não são devidos a nenhuma graça divina nem mérito espiritual do praticante, e sim ao esforço pessoal.

b) Um yôgin do tronco Clássico

[B] Por já ser brahmacharya[7], é marcado pelo patriarcalismo, pela antissensorialidade e pela repressão. Consequentemente, não admite que o poder recaia sobre a mulher, cuja função deve resumir-se a gerar filhos e às tarefas caseiras; não aceita o prazer, a liberdade nem a sexualidade.

[S] Por ser Sámkhya, também é naturalista (não-espiritualista) e interpreta os fenômenos desencadeados pelo Yôga como

7 Utilizaremos inicial maiúscula quando nos referirmos ao sistema em si, e inicial minúscula quando tratar-se de algo referente a ele.

ocorrências que obedecem às leis da Natureza e não são devidos a nenhuma graça divina nem mérito espiritual do praticante.

c) **Um yôgin do tronco Medieval**

[B] Por ser brahmacharya, é vincado pelo patriarcalismo, pela antissensorialidade e pela repressão. Consequentemente, não admite que o poder recaia sobre a mulher, cuja função deve resumir-se a gerar filhos e às tarefas caseiras; não aceita o prazer, a liberdade nem a sexualidade.

[V] Por ser Vêdánta, é espiritualista, não raro, místico, e atribui os fenômenos produzidos pela prática do Yôga à graça divina e ao mérito espiritual do praticante.

d) **Um yôgin do tronco Contemporâneo**

[T] Por ser tântrico, seu comportamento é pautado pelo matriarcalismo, pela sensorialidade e pela desrepressão. Logo, coloca a mulher numa posição privilegiada na família, na sociedade, e na administração pública; cultiva uma sexualidade plena e exuberante, com ternura, sem culpas nem malícias.

[V] Por ser Vêdánta, é espiritualista, não raro, místico, e atribui os fenômenos produzidos pela prática do Yôga à graça divina e ao mérito espiritual do praticante.

Assim, se duas pessoas desconhecidas, de linhas diferentes, encontrarem-se por acaso numa livraria, perceberem que têm interesses comuns e passarem a conversar, será apenas uma questão de tempo para que comecem a se desentender, justamente pelo fato de ambas praticarem Yôga... de linhas incompatíveis!

Se os dois forem: um de linha Sámkhya e outro de linha Vêdánta, o primeiro começará a ter muita pena que o outro seja um crente, enquanto o segundo ficará indignado pelo fato do sámkhya ser um "*cético, ateu e materialista*". Na verdade, não é que o sámkhya seja isso tudo, mas é assim que alguns vêdántas podem interpretar.

Se os dois forem: um de linha tântrica e outro de linha brahmacharya, o primeiro começará a deplorar que o outro seja tão reprimido e moralista – ou, talvez, hipócrita – enquanto o brahmacharya ficará revoltado que o tântrico declare praticar Yôga, mas seja um "*depravado, imoral, pervertido*". Na realidade, nenhum dos dois é, forçosamente, o que o outro interpreta, contudo, é como eles se veem, pois partem de paradigmas comportamentais antagônicos.

Agora, imagine um encontro entre um sámkhya-tantra e um vêdánta-brahmacharya! Tornam-se nada menos que inimigos por causa de uma filosofia que se chama União. Incoerência? Talvez. Mas se estudarmos bem o quadro abaixo, a *Cronologia Histórica do Yôga*, é possível que passemos a compreender esses antagonismos.

CRONOLOGIA HISTÓRICA DO YÔGA					
DIVISÃO	YÔGA ANTIGO		YÔGA MODERNO		
DURAÇÃO	4000 ANOS		1000 ANOS		
TENDÊNCIA	Sámkhya		Vêdánta		
PERÍODO	Yôga Pré-Clássico	Yôga Clássico	Yôga Medieval		Yôga Contemporâneo
ÉPOCA	Mais de 5000 anos	séc. III a.C.	séc. VIII d.C.	séc. XI d.C.	Século XX
MENTOR	Shiva	Pátañjali	Shankara	Gôrakshanatha	Rámakrishna e Aurobindo
LITERATURA	Upanishad	Yôga Sútra	Vivêka Chúdámani	Hatha Yôga	Vários livros
FASE	Proto-Histórica	Histórica			
FONTE	Shruti	Smriti			
POVO	Drávida	Árya			
LINHA	**Tantra**	**Brahmacharya**			

Quadro extraído do livro ***Tratado de Yôga***, deste autor.

Notas do quadro acima

1. No quadro acima, o Yôga Pré-Clássico está sombreado por se encontrar no limbo da História oficial, conquanto seja muito fácil demonstrar a existência de um Yôga anterior ao Clássico. Ele é citado em todas as escrituras hindus anteriores a Pátañjali, como é o caso das Upanishadas, da Bhagavad Gítá e do Mahá Bhárata.
2. O Yôga Antigo, Pré-Clássico, hoje é sistematizado com o nome de SwáSthya Yôga. Se em algum debate acadêmico você precisar de elementos para demonstrar que o SwáSthya é de estrutura pré-clássica, utilize o presente quadro sinótico. Ele demonstra que a única linhagem Sámkhya-Tantra é a pré-clássica. Ora, essa é a estrutura do SwáSthya Yôga (Dakshinacharatántrika-Niríshwarasámkhya Yôga). Mais esclarecimentos na nossa obra ***Origens do Yôga Antigo***.
3. Embora a formação da maior parte dos Mestres e Escolas continue sendo brahmacharya, no período contemporâneo começa a se instalar uma inclinação tântrica (dakshinachara) representada por Aurobindo e Rámakrishna.

7

FRASES DIFERENTES, SIGNIFICADO SEMELHANTE?

A mesma coisa pode ser dita com várias construções diferentes. Essas distintas formatações podem estar sujeitas a uma quantidade de variáveis, tais como:

1) **a época em que a tradução foi feita** – levando-se em conta as tendências filosóficas vigentes e os modismos da linguagem (por exemplo, na transição ao século XXI os termos que sugerem misticismo devem ser evitados na literatura mais séria de Yôga, para distingui-la da onda de esoterismo barato, misturança consumista e charlatanismo, que vem se tomando uma pandemia mundial);

2) **o lugar onde o texto vai ser lido** – se estiver em português, será o falado na América (Brasil), na China (Macau), na Índia (Goa), na África (Angola, Moçambique) ou na Europa (Portugal)? Tomemos como exemplo as frases lusitanas: *"leve ao lume até que deite fumo"* e *"carregue no autoclismo da retrete"* que significam para a vertente brasileira, respectivamente" *leve ao fogo até que saia fumaça"* e *"dê a descarga no vaso sanitário"*. Inclusive dentro do mesmo país, é comum uma palavra mudar completamente de sentido, dependendo da região.

3) **o público a que se destina** - uma tradução do ***Yôga Sútra***, feita para eruditos em Yôga será forçosamente diversa de uma outra dirigida a sanscritistas, que estão bastante interessados nos aspectos linguísticos, mas não detêm um conhecimento profundo do Yôga. Muito menos sobre as filigranas que distinguem, notavelmente para nós, um Yôga de tendência Sámkhya-Tantra (Pré-Clássico) de um outro Sámkhya-

Brahmacharya (clássico), ou mesmo Vêdánta-Brahmacharya (medieval). Cada linha de Yôga confere aos sútras interpretações bem particulares, que chegam mesmo a ser inconciliáveis entre si. Um exemplo disso é a tradução do yama brahmacharya. Os vêdánta-brahmacharyas atribuem-lhe o sentido de *celibato,* com total abstinência sexual, até em pensamentos. Os tântricos traduzem como *castidade nos atos sexuais,* ou seja, cultivar uma sexualidade sadia, com pureza e sob determinados princípios morais, técnicos e filosóficos. Sendo o ***Yôga Sútra*** um livro de linha Sámkhya-Brahmacharya, optei por traduzir esse mandamento ético como *não-dissipação da sexualidade,* o que tem a vantagem de satisfazer as duas correntes.

Também devemos ter presente o fato de que a maior parte das traduções disponíveis faz concessões a um espiritualismo que, no entanto, não existia no Yôga do período clássico. Não da forma como passou a existir na Idade Média. Tais conotações foram instiladas por comentaristas impregnados de conceitos Vêdánta, bem como por espiritualistas ocidentais, que cristianizaram o Yôga durante e após a dominação britânica na Índia.

Com mais de 60 anos de magistério e 25 anos de viagens àquele país, permito-me exercer uma postura mais crítica e categórica com relação a determinadas discrepâncias. Por exemplo, enquanto é quase unânime os autores traduzirem ***chitta*** como **mente,** os meus estudos me concedem hoje o privilégio de discordar.

Chitta não pode ser identificado apenas mediante a palavra mente. Ele é muito mais do que isso: ***chitta*** designa todo um psiquismo, todo um complexo mente-personalidade, que se constitui veículo da consciência e pode ser entendido como o próprio princípio consciente (no nível da personalidade, não no da individualidade): *mente,* ademais, é a tradução de um outro termo sânscrito *(manas).*

Chitta, neste contexto, é composto de três partes, a saber: *ahamkára* (ego), *buddhi* (inteligência) e *manas* (mente) o que, convenhamos, é muito mais abrangente do que o conceito espelhado pela simples palavra *mente* para os ocidentais modernos. Além disso, o vocábulo *chitta* provém da raiz *chit,* que também significa "ver, observar, perceber".

Logo, é mais facilmente associável à ideia de consciência. É o caso dos atributos *sat, chit, ananda* – existência, consciência, bem-aventurança.

Como suporte a estas afirmações podemos citar o *Léxico de Filosofia Hindú,* de Kastberger, que define *chitta* como "a consciência, o princípio consciente".

Uma proposta conciliatória é admitir-se que se o praticante "parar as ondas mentais", controla o pensamento e, consequentemente, estabiliza a consciência. Esta última alternativa foi minha opção para a presente edição.

Contudo, se daqui a mais dez anos de estudos e de pesquisas na Índia, eu fizer outra revisão deste trabalho, com certeza terei melhoramentos a inserir.

Ainda bem que é assim. Os demais comentaristas de Pátañjali nunca mais modificaram sua primeira versão. Alguns, possivelmente, com receio de perder o respeito do seu público, supondo que este os acusaria de terem sido menos fiéis na vez anterior. O meu leitor é diferente. Ele valoriza mais o aprimoramento constante e não a sabedoria estagnada, por melhor que pareça. Prefere a honestidade do Mestre que reconhece: nada é tão perfeito e acabado que não comporte uma superação. Nós, no SwáSthya Yôga, temos por hábito estarmos todo o tempo a nos autossuperar. Por isso, temos que admitir várias interpretações diferentes como sendo verdadeiras. Em minhas aulas, muitas vezes, dou uma definição que algum aluno gosta e pede para repetir... mas na segunda vez sai diferente! Nem por isso uma das duas é menos verdadeira. São apenas maneiras diferentes de explanar.

Portanto, em alguns versículos, podemos aceitar que mais de uma forma de escrever seja expressão coerente do sútra respectivo. Afinal, como já vimos, é possível dizer a mesma coisa com diferentes frases e até com construções verbais de distintos níveis culturais. Em outras circunstâncias, porém, tal interpretação não cabe e precisamos reconhecer as divergências de opinião. Para que você tenha uma ideia do que acabo de expor, cito abaixo nada menos que 21 traduções diferentes da definição do Yôga, no capítulo I, sútra 2.

योगश्चित्तवृत्तिनिरोधः ।

Yôgash chitta vṛtti nirôdhaḥ

1. Para **Sivánanda**, *Yôgash chitta vritti nirôdhaḥ*, significa:
O Yôga é a supressão dos turbilhões mentais.

2. Para **Vishnudêvánanda**, *Yôgash chitta vritti nirôdhaḥ*, significa:
O Yôga consiste em suprimir a atividade da mente.

3. Para **Satchidánanda**, *Yôgash chitta vritti nirôdhaḥ*, significa:
Yôga é a restrição das modificações da matéria mental.

4. Para **Vivêkánanda**, *Yôgash chitta vritti nirôdhaḥ*, significa:
Yôga é impedir que a matéria mental tome formas variadas.

5. Para **Lin Yutang**, *Yôgash chitta vritti nirôdhaḥ*, significa:
Yôga é impedir que a substância mental tome formas variadas.

6. Para **Satya Prakash**, *Yôgash chitta vritti nirôdhaḥ*, significa:
Yôga é a inibição das funções da mente.

7. Para **Padmánanda**, *Yôgash chitta vritti nirôdhaḥ*, significa:
Yôga é o controle das ideias no espírito.

8. Para **Prabhávánanda**, *Yôgash chitta vritti nirôdhaḥ*, significa:
Yôga é o controle das ondas-pensamento na mente.

9. Para **Taimni**, *Yôgash chitta vritti nirôdhaḥ*, significa:
Yôga é a inibição das modificações da mente.

10. Para **Purôhit Swámi**, *Yôgash chitta vritti nirôdhaḥ*, significa:
Yôga é controlar as atividades da mente.

11. Para **Yôgêndra**, *Yôgash chitta vritti nirôdhaḥ*, significa:
Yôga é restringir de modificações o complexo-personalidade.

12. Para **Dêsikachar**, *Yôgash chitta vritti nirôdhaḥ*, significa:
Yôga é a habilidade de dirigir a mente exclusivamente para um objeto e suster essa direção sem quaisquer distrações.

13. Para **Dêshpandê**, *Yôgash chitta vritti nirôdhaḥ*, significa:
O Yôga é o estado do ser em que o movimento ideacional eletivo da mente retarda-se e chega a deter-se.

14. Para **Eliade**, *Yôgash chitta vritti nirôdhaḥ*, significa:
Yôga é a supressão dos estados de consciência.

15. Para **Stephen**, *Yôgash chitta vritti nirôdhaḥ*, significa:
O Yôga pode ser atingido pelo domínio da tendência natural da mente de reagir a impressões.

16. Para **Bailey**, *Yôgash chitta vritti nirôdhaḥ*, significa:
O Yôga alcança-se mediante a subjugação da natureza psíquica e a sujeição da mente.

17. Para **Gardini**, *Yôgash chitta vritti nirôdhaḥ*, significa:
O Yôga é a supressão das modificações da mente.

18. Para **Johnston**, *Yôgash chitta vritti nirôdhaḥ*, significa:
A União, a consciência espiritual, logra-se por meio do domínio da versátil natureza psíquica.

19. Para **Tola e Dragonetti**, *Yôgash chitta vritti nirôdhaḥ*, significa:
Yôga é a restrição dos processos da mente.

20. Para **Ernest E. Wood**, *Yôgash chitta vritti nirôdhaḥ*, significa:
Yôga é o controle das ideias na mente.

21. Para **DeRose**, *Yôgash chitta vritti nirôdhaḥ*, significa:
Yôga é a supressão da instabilidade da consciência.
Mas também podemos traduzir de outra forma:
Yôga é a cessação das ondas mentais.

Abaixo, algumas traduções possíveis, utilizadas pelos autores supracitados:

Yôgash	chitta	vṛtti / vritti	nirôdhaḥ
O Yôga	consciência	instabilidade	supressão
O Yôga	mental/mentais	ondas, vibrações	cessação
O Yôga	mental/mentais	turbilhões	restrição
O Yôga	mental/mentais	modificações	inibição

Como o leitor pode notar, as discrepâncias não são poucas. No restante da obra elas se tornam ainda mais gritantes. Por esse motivo, insisto para que o pesquisador consciencioso constate-as num estudo comparativo com o maior número possível de traduções da obra de Pátañjali.

8

A RAZÃO DE TANTAS DIVERGÊNCIAS

Os sútras são aforismos extremamente concisos, pílulas de sabedoria "desidratada", para que possam ser facilmente memorizados em pouquíssimas palavras. Por outro lado, são bastante sintéticos para conferir um caráter hermético ao texto. Um leitor leigo, que não tenha sido iniciado nas chaves dessa linha específica de Yôga, ficará frente à frente com uma charada gramatical, em que as palavras boiam sem sentido na superfície, sem que o profano consiga atingir as profundezas do significado real.

Isso protegia, no passado, o ensinamento original contra a ameaça de desvirtuamento pela intromissão de pessoas desautorizadas. Estas ficavam tão desconcertadas que desistiam ou procuravam um Mestre qualificado. Mas, com o passar do tempo, a disseminação da escrita e da cultura, a criação da imprensa e, acima de tudo, uma radical mudança nos conceitos éticos, terminou por tornar o sistema cifrado dos sútras mais um estorvo do que uma vantagem. Assim foi porque, a partir de uma certa época, todos passaram a ter acesso ao texto de Pátañjali e a publicar seus comentários, nem sempre adequados. Das muitas dezenas de comentários ao ***Yôga Sútra*** que já foram escritos até hoje, não há dois que estejam de acordo entre si.

Para exemplificar, consideremos o Vêdánta Sútra 11, versículo 2:

Texto do sútra

Payô'mbuvach chêt tatrápi.

Tradução simples. *Se, à maneira da água ou do leite, também nesse caso.*

O leitor leigo jamais vai entender o que esse sútra significa, a menos que ele seja interpretado por um conhecedor do ensinamento em questão. Então, tem lugar uma tradução interpretativa, que ficaria assim:

Tradução interpretativa[8]: *Se* (o partidário do Sámkhya objeta que o "pré-formado" se move por sua própria natureza), *à maneira da água ou do leite* (quando derramados, responderemos que) *também nesse caso* (o movimento é devido a uma vontade inteligente que dirige a água e o leite).

Com isto, creio que o leitor passa a compreender porque levei tantos anos a traduzir um livro tão pequeno. E também fica em condições de saborear cada sútra, pois agora já sabe o trabalho que deu esculpir-lhe a forma em português para que fosse fiel ao sentido original que o autor, Pátañjali, lhe conferira em sânscrito. Foi tal como o trabalho do arqueólogo a esculpir a rocha que envolve um fóssil. Ele não pode tirar de mais nem de menos sob pena de desfigurar a herança do passado. Essa foi a minha preocupação e espero ter sido bem sucedido.

8 Não confundamos tradução interpretativa com comentário aos sútras.

9

EXEMPLOS DE DISCREPÂNCIAS

No capítulo I sútra 26, encontram-se versões que se iniciam com a palavra *sa,* outras com as palavras *sa êsha,* e outras com nenhuma das duas.

Alguns autores, como Yôgêndra e Satchidánanda, fazem constar como texto original no capítulo II, sútra 54, a palavra *chitta.* Outros, como Dêsikachar, apresentam a mesma palavra com uma terminação diferente: *chittasya.*

Além disso, à altura do capítulo III, sútra 20, instala-se uma divergência coletiva, com várias opiniões bem discrepantes. Alguns autores suprimem um e até dois versículos inteiros. Sua ordem também aparece alterada, dependendo da fonte que se estuda. Como é consideravelmente difícil sabermos qual é a forma primitiva, optamos por esta que julgamos correta, não só pela maioria que a apoia, como também pela reputação dos Mestres que a defendem.

Assim sendo, não fizemos constar no sútra 22 a seguinte frase, que aparece, por exemplo, na versão de Vishnudêvánanda e na de Satchidánanda:

Êtênê shabdadi antardhanam uktam.

Da mesma maneira, também se alcança a desaparição do som e outros fenômenos físicos.

Outra divergência é observada no capítulo III, sútra 40. Na maior parte dos textos sânscritos consultados o sútra é o seguinte:

Samána jayáj jvalanam.

Contudo, na versão de Srí Yôgendra, encontra-se:

Samána jayat prajvalanam.

Estas não são as únicas divergências, mas com elas já podemos ter uma ideia dos problemas que precisamos superar. Servem também de refreamento à crítica fácil e compulsiva, que induz o estudioso a rapidamente tachar de errada uma versão que esteja diferente da que seja do seu conhecimento anterior.

SÓ EXISTE UMA CERTEZA SOBRE O YÔGA SÚTRA

A única coisa certa é que ninguém sabe o que Pátañjali quis dizer. Para além de todas as dificuldades já elencadas, o fato de não termos os originais do autor e o dos aforismos serem extremamente concisos, dá margem às mais estapafúrdias interpretações.

Imagine se a frase acima fosse escrita na forma de um sútra de Pátañjali:

डातख दडिच्चुलदादेस मारगेम

fato dificuldades margem

Conforme a bagagem cultural de cada intérprete, poderiam surgir várias traduções, todas diferentes do primeiro parágrafo deste capítulo:

Se fosse um religioso, interpretaria: "Em verdade, vos digo que o praticante enfrenta muitas dificuldades espirituais em cada margem do grande rio da fé."

Se fosse um treinador de atletismo, diria: "O fato inegável é que quem fica à margem do treinamento enfrenta dificuldades nas competições."

Se fosse um alfaiate, traduziria: "A roupa* apresenta problemas nas extremidades."

* "Fato", em Portugal, significa roupa, traje, terno.

Além disso tudo, há vários sútras que, certamente, foram distorcidos nestes mais de 2000 anos com cópias de cópias de cópias. Era comum que copistas se enganassem. Diversos sútras não fazem o menor sentido, mesmo sob a lente de especialistas em Yôga e de linha Sámkhya. Ademais, precisamos entender que o sábio Pátañjali era humano e humanos não são perfeitos. Nem tudo o que ele escreveu é incontroverso, afinal não estamos falando de religião com seus dogmas inquestionáveis e sim de uma tese "acadêmica", escrita por um homem.

Dessa forma, quando não entendem o sútra, o que os tradutores e comentaristas tentam fazer é interpretar o texto de acordo com o registro que cada um possui nos seus paradigmas. Se sua linha for Vêdánta, vai entender uma coisa; se for Sámkhya vai entender outra. Se for Dwaita Vêdánta, fará uma leitura; se for Adwaita Vêdánta, poderá fazer outra. Se for Sêshwara Sámkhya, entenderá de uma forma; e se for Niríshwara Sámkhya, poderá perceber de forma diferente. E se não for um estudioso de Yôga, de linha Sámkhya, mas apenas versado em sânscrito, poderá sair um absurdo sem pé nem cabeça.

A mais eloquente evidência de que os comentaristas não chegaram nem perto do que o autor quis dizer é obtida mediante a comparação de algumas dezenas de traduções do célebre Yôga Sútra, cometidas por respeitáveis pesquisadores. Todos se contradizem e cada qual tem argumentos muito convincentes de que a sua tradução está correta (e, portanto, as dos outros estão incorretas).

A única coisa certa é que todas as traduções estão erradas, inclusive esta. Portanto, com a presente declaração, esperamos poupar o trabalho de quem quiser demonstrar que nossa versão não está correta. Não está mesmo. Nenhuma está. Contudo, tendo observado a coerência da filosofia Sámkhya e procurando simplificar a redação, este é um trabalho que se aproxima bastante do que o autor pode ter desejado expressar. Em alguns sútras fomos mais felizes, noutros menos. Mas, no geral, estamos convencidos de que esta é uma das melhores propostas já publicadas.

Finalmente, precisamos relembrar que a nossa linhagem é mais antiga que a de Pátañjali, mais antiga que a do Yôga Clássico. Nosso tronco é o Pré-Clássico, conforme demonstrado no quadro da Cronologia Histórica, que consta do capítulo 6 – *Vamos entender os 4 troncos do Yôga.* Entre o período que estudamos e o Yôga Clássico transcorreram-se cerca de 3000 anos. Isso justifica algumas diferenças de posicionamento, uma vez que Pátánjali já estava arianizado e era de linha brahmacharya (patriarcal), enquanto o Yôga Pré-Clássico era dravídico e de linha shakta (matriarcal).

10

A TRANSLITERAÇÃO DO SÂNSCRITO

Quando se escreve o sânscrito em caracteres latinos, chama-se transliteração. Existem várias transliterações, convencionadas para o inglês, para o francês, para o português, para o russo, para o chinês etc. Quem lê livros de Yôga, geralmente fica desorientado ao ver a mesma palavra sendo grafada das mais variadas e estranhas maneiras; e acaba, não raro, assimilando uma forma menos correta, mas que tenha logrado tornar-se mais popular. Nesta obra optamos pela transliteração mais usada na Índia, pois, se o Yôga vem de lá, faz sentido não modificar a forma de escrever seus termos. Além disso, esta que adotamos é mais fácil e muito mais lógica, haja vista o nome do criador do Yôga. Ele aparece nos diversos livros com as grafias: ***Shiva***, *Śiva, Siva, Çiva, Civa, Shiv, Siwa* e *Xiva*.

A primeira das variações acima é a que adotamos, pois, além de ser uma forma largamente utilizada na Índia e no inglês, permite imediata compreensão da pronúncia chiada da primeira sílaba, em quase todos os idiomas. As seguintes três formas só poderão ser lidas e pronunciadas por quem já conheça o sânscrito, sendo que as quatro primeiras alternativas estão corretas e as demais deturpadas.

A respeito da utilização dos acentos, agudo e circunflexo, diferenciadamente (sem falar no til), esta é uma vantagem que o português tem sobre a maior parte dos outros idiomas e que pode ser utilizada por nós em benefício do leitor, sem agredir a legitimidade, já que as transliterações em uso são fruto de mera convenção, pois a língua sânscrita é escrita em outro alfabeto.

Dessa forma, declarar que não existem os acentos agudo e circunflexo na escrita do sânscrito poderia receber, como resposta, que tampouco o *a, b, c, d,* existem; nem o macro; nem o ponto em baixo das letras *n, s, r, l;* muito menos as vírgulas entre as palavras de uma sentença, pois a única pontuação que existe é o ponto, representado por um traço vertical no fim da frase (I) e o parágrafo, por dois traços (II).

Se usarmos o macro, aquele traço horizontal sobre a vogal para indicar que ela é longa, como em Rāja, as gráficas o substituirão pelo til, como aconteceu com o livro Rája Yôga, publicado pela Editora Vêdánta, do Rio de Janeiro, no século passado. Essa editora simplesmente grafou "Rãja Yoga", o que os pobres leitores brasileiros leram como "ranja ióga". Isso também ocorreu com uma edição do livro *Light on pránáyáma,* do Método Iyengar. Não dispondo do macro, a gráfica colocou til e imprimiu "prãnãyãma". Os brasileiros e portugueses leram "pram-nam-yam-ma", quando a pronúncia mais correta seria "prá-ná-yá-ma", sem nasalizar cada sílaba.

Para estabelecimento das normas em uso, no X Congresso Oriental de Genebra, em 1894, cada país impôs suas exigências gráficas em função das respectivas limitações e idiossincrasias linguísticas. O país cuja língua não possuía acentos, como o inglês, simplesmente estabeleceu sua convenção sem acentos e assim por diante. No entanto, nem Portugal, nem o Brasil tiveram o privilégio de ser ouvidos. Ou, se o foram, nossos representantes deixaram provas de extrema incompetência.

Uma prova do desprezo com que a convenção internacional tratou nossa língua é a norma que manda utilizar o ***ç*** para produzir o som do ***s*** levemente chiado, por exemplo, na palavra Sh̲iva (ou "Çiva", como eles querem). Ora, tal norma agride não uma, mas duas regras de português:

1ª) não se escreve ***ç*** antes da letra ***i***;

2ª) não se usa ***ç*** em início de palavras.

E, pior ainda, na nossa língua tal escrita induziria ao erro de se pronunciar "ssiva". Não concordemos com isso!

Nesta obra aplico uma pequena diferença em relação aos meus outros livros no que concerne à transliteração do idioma sânscrito para caracteres latinos. O motivo desta variação é o fato de que nos meus demais livros só uso o sânscrito como referência a palavras que não podem ou que não devem ser traduzidas.

Aqui o sânscrito tem uma importância maior por tratar-se de obra clássica e possuidora de traduções controvertidas. Por isso, observo a distinção entre o *r* consoante *(viryá)* e o *ṛ* vogal *(vṛtti);* entre o *sh* e o *ṣ* (*s* com um ponto embaixo); e outras minúcias, como uma acentuação mais detalhada, desnecessária em um outro tipo de trabalho.

Não se usam letras maiúsculas para escrever os termos sânscritos comuns. Como em português, francês, inglês, espanhol etc., no sânscrito transliterado para essas línguas só escrevemos com letras maiúsculas os substantivos próprios ou em início de frase. A excessão é o idioma alemão.

Portanto, não se justifica o **erro** de grafar as palavras desse idioma sempre com iniciais maiúsculas (Chakra, Mantra, Ásana etc.) ou, pior, com tudo maiúsculo (YÔGA, SWÁSTHYA etc.), como se estivesse gritando com o leitor. Isso só se usa ao escrever a mão livre, para evitar confusão na leitura.

Transliteração adotada:

a -	aberta, curta, como em *Jaci* **(sútra);**
á -	aberta, longa, como em *arte* **(dháraná);**
ê -	sempre fechada, como em *dedo* **(Vêda);**
ô -	sempre fechado, como em *iodo* **(Yôga);**
ch ou c –	pronuncia-se como em *tchê* **(chakra);**
g -	sempre gutural como em *garganta* **(Gítá);**
j -	pronuncia-se como em *Djanira* **(japa);**
h -	sempre aspirado, como em *help* **(mahá);**
m -	como em *álbum* **(prônam);**
n -	não nasaliza a vogal precedente **(prána);**
ñ -	*nh*, como no castelhano *peña* **(ájña)**;
r -	igual ao *r* italiano ou como em *vidro* **(rája);**
s -	tem o som de *ss*, como em *passo* **(ásana);**
sh ou ç -	tem o som de *ch* como em *Sheila* **(shaktí).**
z -	não existe essa letra nem esse som no sânscrito!

O sânscrito tem ainda alguns fonemas de difícil pronúncia por parte de um público que não seja estudioso da língua. Por isso, só utilizamos uma acentuação ou sinalização mais rigorosa neste livro. Aqui utilizamos os caracteres *ṁ ṛ ḥ ṣ ṇ ṭ ḍ* para quem estuda a obra clássica e o sânscrito em profundidade. Em nossas outras obras, acentuaremos apenas as sílabas longas.

Devemos esclarecer que o fonema ***ô***, no sânscrito, é resultante da fusão do ***a*** com o ***u*** e, por isso, é sempre longo, pois contém duas letras. Nesta convenção, o acento agudo é aplicado sobre as letras longas quando ocorre crase ou fusão de letras iguais (***a* + *a* = *á*; *i* + *i* = *í*; *u* + *u* = *ú***). O acento circunflexo é aplicado quando ocorre crase ou fusão de letras diferentes (***a* + *i* = *ê*; *a* + *u* = *ô***), por exemplo, em *sa* + *íshwara* = *sêshwara*; e *AUM*, que se pronuncia Õ.

Embora o ÔM possua o traçado característico que lembra o número 30, (ॐ) esse símbolo é uma sílaba com as letras ***ô*** e ***m***[9], escritas em alfabeto dêvanágarí – ou algum outro ainda mais antigo.

Daí grafarmos Vêdánta. Assim, a palavra Yôga leva sempre o acento circunflexo. O acento circunflexo não é usado para fechar a pronúncia do ***ô*** ou do ***ê***, pois esses fonemas são sempre fechados. Não existe, portanto, a pronúncia "véda" nem "yóga".

O acento circunflexo na palavra Yôga é tão importante que mesmo em livros publicados em inglês, castelhano e alemão, línguas que não possuem o circunflexo, ele é usado para grafar este vocábulo:

Bibliografia para o idioma espanhol

Léxico de Filosofía Hindú, de Kastberger, Editorial Kier, Buenos Aires.

Bibliografia para o idioma inglês

Aphorisms of Yôga, de Srí Purôhit Swámi, Faber and Faber, Londres.

Bibliografia para o idioma português

Poema do Senhor, de Vyasa, Editora Assírio e Alvim, Lisboa, 2007.

Bibliografia para o idioma alemão

Segundo o Prof. Milton Marino, no seu livro *SwáSthya Yôga Bháshya,* o alemão Franz Boop foi o primeiro a usar o acento circunflexo, em 1816.

---

9 Em alfabeto fonético internacional o ÔM escreve-se desta forma: ɔ̃. Isso porque, na verdade, está grafado **au** (**ô**) com um acento que nasaliza a pronúncia, o que corresponde ao til (˜). Como a língua inglesa não possui acentos, foi aplicada a letra **m** para tentar conseguir um som aproximado.

Uma gravação ensinando a pronúncia correta

A fim de pôr termo na eterna discussão sobre a pronúncia correta dos vocábulos sânscritos, numa das viagens à Índia entrevistamos os Swámis Vibhôdánanda e Turyánanda Saraswatí, em Rishikêsh, e o professor de sânscrito Dr. Muralitha, em Nova Delhi[10].

A entrevista com o Swámi Turyánanda foi muito interessante, uma vez que ele é natural de Goa, região da Índia que falava português e, assim, a conversação transcorreu de forma bem compreensível. E também pitoresca, pois Turyánandaji, além do sotaque característico e de ser bem idoso, misturava português, inglês, hindi e sânscrito em cada frase que pronunciava. Mesmo assim, não ficou confuso. É uma delícia ouvir o velhinho ficar indignado com a pronúncia "yóga". Ao perguntar-lhe se isso estava certo, respondeu zangado:

– Yóga, não. Yóga não está certo. Yôga. Yôga é que está certo.

Quanto ao Dr. Muralitha, este teve a gentileza de ensinar sob a forma de exercício fonético com repetição, todos os termos sânscritos constantes do glossário do ***Tratado de Yôga***. Confirmamos, então, que não se diz *múdra* e sim ***mudrá***; não se diz *kundalíni* e sim ***kundaliní***; não se diz *AUM* e sim **ÔM**, aliás, **Õ**; não se diz *yóga* e sim ***Yôga***; não se diz *yoganidrá* e sim ***yôganidrá***; e muitas outras correções.

Recomendamos veementemente que o leitor escute e estude essa gravação. Se tratar-se de instrutor de Yôga, é aconselhável tê-la sempre à mão para documentar sua opinião e encurtar as discussões quando os indefectíveis sabichões quiserem impor seus disparates habituais.

Arquivo de áudio: derose.co/glossario-sanscrito

10 Se o leitor desejar esclarecimentos a respeito do significado dos termos sânscritos, recomendamos que consulte o *Glossário* do ***Tratado de Yôga***. Sobre a pronúncia, ouça o CD ***Sânscrito - Treinamento de Pronúncia***, gravado na Índia. Para mais conhecimentos, o ideal é estudar os vídeos do ***Curso Básico de Yôga***.

ALFABETO SÂNSCRITO

	Vogais													anuswára (sonoro)	visarga (surdo)
	breve					longa						ditongo			
inicial	अ	इ	उ	ऋ	ऌ	आ	ई	ऊ	ॠ	ए	ओ	ऐ	औ	अं	अः
medial	-	◌ि	◌ु	◌ृ	◌ॢ	◌ा	◌ी	◌ू	◌ॄ	◌े	◌ो	◌ै	◌ौ	◌ं	◌ः
	a	i	u	ṛ	ḷ	á	í	ú	ṝ	e	o	ai	au	aṁ	aḥ

Consoantes					
Ponto de articulação:	Surdas (sem vibração das cordas vocais)		Sonoras (com vibração das cordas vocais)		
	não aspiradas	aspiradas	não aspiradas	aspiradas	nasais
guturais	क	ख	ग	घ	ङ
	ka	kha	ga	gha	ṅa
palatais	च	छ	ज	झ	ञ
	cha	chha	ja	jha	ña
cerebrais ou cacuminais	ट	ठ	ड	ढ	ण
	ṭa	ṭha	ḍa	ḍha	ṇa
dentais	त	थ	द	ध	न
	ta	tha	da	dha	na
labiais	प	फ	ब	भ	म
	pa	pha	ba	bha	ma
semivogais	य	र	ल	व	-
	ya	ra	la	va ou wa	-
sibilantes	श	ष	स	ह	-
	sha	ṣha	sa	ha	-

Obs.: (1) As consoantes estão, no quadro, no sentido da ordem **alfabética do sânscrito** (lendo da esquerda para a direita, de cima para baixo). (2) Dois ou mais caracteres formais podem se aglutinar para formar um símbolo híbrido, chamado **conjunto**. Estes são muito numerosos e não cabem no quadro acima. Estude-os em livros de gramática sânscrita.

Conceitos relacionados. Ponto de articulação: é o local do trato vocal em que se produz a articulação do som. **Fonemas sonoros e surdos:** os fonemas são classificados como surdos quando são produzidos pela passagem do ar entre as cordas vocais, estando elas relaxadas. Em contraposição, se estas estão tensionadas, sua vibração produzirá fonemas sonoros. **Consoante nasal:** ocorre quando o véu do palato — tecido carnoso próximo à parte posterior do céu da boca — baixa, permitindo que o ar flua livremente através do nariz. **Consoante sibilante:** ocorre quando é articulada ao se projetar um jorro de ar por um estreito canal formado pela língua na cavidade bucal. **Consoante aspirada:** caracteriza-se por ser pronunciada com uma forte emissão de ar. **Anuswára:** sinal localizado acima de uma letra ou sílaba; indica uma nasalização. **Visarga:** signo que costuma estar no final de uma palavra e é pronunciado como um som surdo, aspirado e articulado com a vogal que o precede. **Semivogal:** é uma letra cujo fonema é semelhante ao de uma vogal, mas que, por si só, não pode formar uma sílaba. Integra-se a uma vogal e constitui, com ela, um ditongo e uma só emissão de voz. **Traçado inicial ou medial:** as vogais e os signos têm traçado diferente, segundo a sua posição no início ou no meio na palavra. Neste último caso, ele fica sempre apoiado sobre outra letra. No quadro acima, o círculo pontilhado simula o que seria uma letra para mostrar a posição do traçado. **Vogal breve ou longa:** a vogal é breve quando sua pronúncia é regular, normal, simples. E denomina-se longa quando tem som mais duradouro, equivalente ao de duas vogais juntas.

समाधिपादः

samádhi pádaḥ

A trilha da hiperconsciência

I-1

अथ योगानुशासनम् ।

atha Yôgánushásanam

Agora, o ensinamento do Yôga.

I-2

योगश्चित्तवृत्तिनिरोधः ।

Yôgash chitta vṛtti nirôdhaḥ

Yôga é a supressão da instabilidade da consciência.

I-3

तदा द्रष्टुः स्वरूपेऽवस्थानम् ।

tadá draṣhṭuḥ swarúpê ‘vasthánam

Quando isso é alcançado, o observador
conscientiza-se da sua própria identidade.

I-4

वृत्तिसारूप्यमितरत्र ।

vṛtti sárúpyam itaratra

Caso contrário, ele se identifica com a instabilidade.

I-5

वृत्तयः पञ्चतय्यः क्लिष्टाक्लिष्टाः ।

vṛttayaḥ pañchatayyaḥ klişhṭa aklişhṭaḥ

A instabilidade é de cinco tipos,
alguns dolorosos e outros não dolorosos.

I-6

प्रमाणविपर्ययविकल्पनिद्रास्मृतयः ।

pramáṇa viparyaya vikalpa nidrá smṛtayaḥ

São eles: conhecimento correto, conhecimento equivocado,
conhecimento baseado na imaginação, no sono e na memória.

I-7

प्रत्यक्षानुमानागमाः प्रमाणानि ।

pratyakṣhánumánágamáḥ pramáṇáni

O conhecimento correto é obtido pela percepção,
pela dedução e pelos relatos de uma reconhecida autoridade.

I-8

विपर्ययो मिथ्याज्ञानमतद्रूपप्रतिष्ठम् ।

viparyayô mithyájñánam atad rúpa pratiṣhṭham

O conhecimento equivocado é o que se baseia
na aparência e não na natureza real.

I-9

शब्दज्ञानानुपाती वस्तुशून्यो विकल्पः ।

shabda jñánánupátí vastu shúnyô vikalpaḥ

O conhecimento baseado na imaginação
é causado por palavras destituídas de realidade.

I-10

अभावप्रत्ययालम्बना वृत्तिर्निद्रा ।

abháva pratyayálambaná vṛttir nidrá

O conhecimento baseado no sono é aquela instabilidade
que se estabelece na ausência de perceptividade.

I-11

अनुभूतविषयासंप्रमोषः स्मृतिः ।

anubhúta viṣhayásaṁpramôṣhaḥ smṛtiḥ

A memória é a não extinção de experiências passadas.

I-12

अभ्यासवैराग्याभ्यां तन्निरोधः।

abhyása vairágyábhyáṁ tan nirôdhaḥ

Todas essas instabilidades são controladas através de abhyása (prática diligente) e de vairágya (desprendimento).

I-13

तत्र स्थितौ यत्नोऽभ्यासः।

tatra sthitau yatnô'bhyásaḥ.

abhyása[11] (a prática diligente), consiste no enérgico afã de conquistar a estabilidade.

I-14

स तु दीर्घकालनैरन्तर्यसत्कारा सेवितो दृढभूमिः।

sa tu dírgha kála nairantarya satkárásêvitô dṛḍhabhúmiḥ

Esta, porém, alicerça-se solidamente só com a prática diligente cultivada por um longo tempo, sem interrupção e com profunda dedicação.

I-15

दृष्टानुश्रविकविषयवितृष्णस्य वशीकारसंज्ञा वैराग्यम्।

dṛṣhtánushravika viṣhaya vitṛṣhṇasya vashíkára saṁjñá vairágyam

vairágya (desprendimento) é quando se subjuga a compulsão pelas dispersões que venham a ser vistas ou ouvidas.

---

[11] Iniciaremos as frases com minúsculas nos termos sânscritos para corrigir o reflexo do ocidental de escrever toda e qualquer palavra sânscrita com iniciais maiúsculas, mesmo quando não se tratar de nome próprio.

I-16

तत्परं पुरुषख्यातेर्गुणवैतृष्ण्यम् ।

tat paraṁ Puruṣha khyátêr guṇavaitṛṣhṇyam

Isto proporciona a mais elevada consciência do Homem (Puruṣha), no qual cessam os gunas (atributos).

I-17

वितर्कविचारानन्दास्मितानुगमात्संप्रज्ञातः ।

vitarka vicháránandásmitánugamát saṁprajñátaḥ

Atinge-se, então, o samprajñáta samádhi (ou primeiro estágio da hiperconsciência) que compreende racionalidade, discriminação, felicidade e noção do eu.

I-18

विरामप्रत्ययाभ्यासपूर्वः संस्कारशेषोऽन्यः ।

viráma pratyayábhyása púrvaḥ saṁskára shêṣhô'nyaḥ

Há outro estado (asamprajñáta samádhi), alcançado pela prática constante, no qual ocorre a cessação da instabilidade e o único que permanece são os samskáras (impressões residuais de experiências vividas no passado).

I-19

भवप्रत्ययो विदेहप्रकृतिलयानाम्।

bhavapratyayô vidêha prakṛitilayánám

Esse estado pode ser obtido por nascimento,
por extrassensorialidade ou pela dissolução da Prakṛiti.

I-20

श्रद्धावीर्यस्मृतिसमाधिप्रज्ञापूर्वक इतरेषाम्।

shraddhá vírya smṛti samádhi prajñápúrvaka itarêṣhám

Outros atingem o samádhi por meio da fé, da energia viril,
da memória e do conhecimento.

I-21

तीव्रसंवेगानामासन्नः।

tívra saṁvêgánám ásannaḥ

Ele está próximo para os que o anseiam com intensidade.

I-22

मृदुमध्याधिमात्रत्वात्ततोऽपि विशेषः।

mṛdu madhyádhimátratwát tatô'pi vishêṣhaḥ

Os frutos desse anseio serão proporcionais
à sua intensidade, seja ela branda, média ou forte.

I-23

ईश्वरप्रणिधानाद्वा ।

Íshwara praṇidhánád vá

Ou também pode ser obtido (o samádhi) através da auto-entrega.

I-24

क्लेशकर्मविपाकाशयैरपरामृष्टः पुरुषविशेष ईश्वरः ।

klêsha karma vipákáshayair aparámṛṣhṭaḥ
Puruṣha vishêṣha Íshwaraḥ

Íshwara é um Puruṣha especial, não afetável pelas aflições, nem pelas ações ou suas consequências e nem por impressões internas de desejos.

I-25

तत्र निरतिशयं सर्वज्ञ बीजम् ।

tatra niratisháyaṁ sarvajña bíjam

Nele está a semente da onisciência.

I-26

स एष पूर्वेषामपि गुरुः कालेनानवच्छेदात् ।

sa êṣha púrvêṣham api guruḥ kálênána vacchêdát

É também o Mestre dos mais antigos Mestres,
pois não está limitado pelo tempo.

I-27

तस्य वाचकः प्रणवः ।

tasya váchakaḥ praṇavaḥ

Ele é conectado pelo Praṇava (ÔM).

I-28

तज्जपस्तदर्थभावनम् ।

tajjapas tad artha bhávanam

Sua repetição e meditação (nele) conduzem à meta.

I-29

ततः प्रत्यक्चेतनाधिगमोऽप्यन्तरायाभावश्च ।

tataḥ pratyak chêtanádhigamô' pyantaráyá bhávash cha

Disso obtêm-se o conhecimento de Si Mesmo
e a superação dos obstáculos.

I-30

व्याधिस्त्यानसंशयप्रमादालस्याविरतिभ्रान्ति दर्शनालब्धभूमिकत्वानवस्थितत्वानि चित्तविक्षेपास्तेऽन्तरायाः ।

vyádhi styána saṁshaya pramádálasyávirati bhránti darshanálabdhabhúmi katwánavasthitatwáni chitta vikṣhêpástê'ntaráyáḥ

Os nove obstáculos são as dispersões da consciência causadas por: enfermidade, apatia, dúvida, negligência, indolência, noções erradas, apego excessivo ao prazer, volubilidade e insucesso em uma etapa.

I-31

दुःखदौर्मनस्याङ्गमेजयत्वश्वासप्रश्वासा विक्षेपसहभुवः ।

duḥkha daurmanasyáṅgamêjayatwa
shwása prashwásá vikṣhêpa sahabhuvaḥ

Os sintomas da dispersão mental são:
a infelicidade, a depressão, o nervosismo e a respiração irregular.

I-32

तत्प्रतिषेधार्थमेकतत्त्वाभ्यासः ।

tat pratiṣhêdhártham êka tattwábhyásaḥ

Para evitar isso, deve-se ater a uma só egrégora.

I-33

मैत्रीकरुणामुदितोपेक्षाणां सुखदुःखपुण्यापुण्यविषयाणां
भावनाताश्चित्तप्रसादनम् ।

maitrí karuṇá muditô pêkṣháṇaṁ sukha duḥkha puṇyápuṇya
viṣhayáṇáṁ bhávanátásh chitta prasádanam

A serenidade da consciência é obtida mediante o cultivo da amizade, compaixão, alegria e indiferença, respectivamente aos que são felizes, infelizes, bons e maus.

I-34

प्रच्छर्दनविधारणाभ्यां वा प्राणस्य ।

pracchardana vidháraṇábhyáṁ vá práṇasya

Ou pela expiração e retenção do práṇa.

I-35

विषयवती वा प्रवृत्तिरुत्पन्ना मनसःस्थितिनिबन्धिनी ।

viṣhayavatí vá pravṛttir utpanná manasaḥ sthiti nibandhiní

Ou, ainda, quando entram em funcionamento os sentidos superiores, atinge-se a estabilidade da mente.

I-36

विशोका वा ज्योतिष्मती ।

vishôká vá jyôtiṣhmatí

Ou pela lucidez que elimina todo o pesar.

I-37

वीतरागविषयं वा चित्तम् ।

víta rága viṣhayaṁ vá chittam

Ou seguindo o exemplo de alguém que tenha superado a exaltação das emoções e a dependência dos objetos dos sentidos.

I-38

स्वप्ननिद्राज्ञानालम्बनं वा ।

swapna nidrá jñánálambanaṁ vá

Ou pela atenção prestada ao conhecimento advindo do sono com ou sem sonhos.

I-39

यथाभिमतध्यानाद्वा ।

yathábhimata dhyánád vá

Ou pela meditação em algo que seja agradável.

I-40

परमाणुपरममहत्त्वान्तोऽस्य वशीकारः ।

paramáṇu parama mahattwántô'sya vashíkáraḥ

Assim, seu domínio abrangerá do infinitesimal ao infinito.

I-41

क्षीणवृत्तेरभिजातस्येव मणेर्ग्रहीतृग्रहणग्राह्येषु तत्स्थतदञ्जनता समापत्तिः ।

kṣhíṇa vṛttêr abhijátasyêva maṇêr grahítṛ grahaṇa gráhyêṣhu tatstha tadañjanatá samápattiḥ

Naquele que tiver controlado totalmente a instabilidade, ocorre uma identificação entre o observador, o objeto observado e o ato da observação, assim como o cristal se identifica com a cor do objeto próximo.

I-42

तत्र शब्दार्थज्ञानविकल्पैः संकीर्णा सवितर्का समापत्तिः ।

tatra shabdártha jñána vikalpaiḥ saṁkírṇá savitarká samápattiḥ

Desses estados de identificação, um é o savitarká (com inferência), que sofre uma influência mista do nome, forma e ideia subjetiva do objeto observado.

I-43

स्मृतिपरिशुद्धौ स्वरूपशून्येवार्थमात्रनिर्भासा निर्वितर्का ।

smṛti parishuddhau swarúpa shúnyêvártha mátra nirbhásá nirvitarká

O outro é o nirvitarká (sem inferência), que só resplandece quando a memória está purificada e isenta da forma ou natureza do objeto.

I-44

एतयैव सविचारा निर्विचारा च सूक्ष्मविषया व्याख्याता ।

êtayaiva savichárá nirvichárá cha súkṣhma viṣhayá vyákhyátá

Assim, explicam-se também o savichárá (com investigação) e o nirvichárá samádhi (sem investigação), que são obtidos mediante a prática sobre objetos mais sutis.

I-45

सूक्ष्मविषयत्वं चालिङ्गपर्यवसानम् ।

súkṣhma viṣhayatwaṁ chálinga paryavasánam

A sutileza cada vez maior dos objetos da prática estende-se até o Infinito.

I-46

ता एव सबीजः समाधिः ।

tá êva sabíjaḥ samádhiḥ

Estes são os sabíja samádhis (samádhis com semente).

I-47

निर्विचारवैशारद्येऽध्यात्मप्रसादः ।

nirvichára vaisháradyê'dhyátma prasádaḥ

Alcançando a perfeição no nirvichára, sobrevém a consciência do puro Self.

I-48

ऋतंभरा तत्र प्रज्ञा ।

ṛtaṁbhará tatra prajñá

Então, o conhecimento torna-se pleno de realidade.

I-49

श्रुतानुमानप्रज्ञाभ्यामन्यविषया विशेषार्थत्वात् ।

shrutánumána prajñábhyám anya viṣhayá vishêṣhárthatwát

O conhecimento que é alcançado nos níveis superiores de consciência, ao contrário do conhecimento intelectivo, não é sujeito às informações provenientes de transmissão externa (shruti) nem de dedução (anumana).

I-50

तज्जः संस्कारोऽन्यसंस्कारप्रतिबन्धी ।

taj jaḥ saṁskárô'nya saṁskára pratibandhí

O saṁskára que resulta deste conhecimento suplanta todos os saṁskáras anteriores.

I-51

तस्यापि निरोधे सर्वनिरोधान्निर्बीजः समाधिः।

tasyápi nirôdhê sarva nirôdhán nirbíjaḥ samádhiḥ

Quando até esse estado é superado, entra-se no nirbíja samádhi (samádhi sem semente).

साधनपादः

sádhana pádaḥ

A trilha da prática

II-1

तभःस्वाध्यायेश्वरप्रणिधानानि क्रियायोगः ।

tapaḥ swádhyáyêshwara praṇidhánáni Kriyá Yôgaḥ

Autossuperação (tapah), auto-estudo (swádhyáya)
e auto-entrega (Íshwara praṇidhána), constituem o Kriyá Yôga.

II-2

समाधिभावनार्थः क्लेशतनूकरणार्थश्च ।

samádhi bhávanárthaḥ klêsha tanúkaraṇárthash cha

Essas observâncias também ajudam a atenuar os obstáculos
para atingir o samádhi.

II-3

अविद्यास्मितारागद्वेषाभिनिवेशाः क्लेशाः ।

avidyásmitá rága dwêshábhinivêṣháḥ klêsháḥ

Os obstáculos são: a nescidade, o egotismo, a exaltação das paixões, aversão injustificada e o excessivo apego à vida.

II-4

अविद्या क्षेत्रमुत्तरेषां प्रसुप्ततनुविच्छिन्नोदाराणाम् ।

avidyá kṣhêtram uttarêṣháṁ prasupta tanu vicchinnôdáráṇám

A incultura é o campo onde nascem os demais obstáculos, acima citados, quer estejam eles adormecidos, atenuados, reprimidos ou ativos.

II-5

अनित्याशुचिदुःखानात्मसु नित्यशुचिसुखात्मख्याति रविद्या ।

anityáshuchi duḥkhánátmasu nitya shuchi sukhátmakhyátir avidyá

A nescidade consiste em supor perenidade no perecível, pureza no impuro, felicidade na dor, ser no não-ser.

II-6

दृग्दर्शनशक्त्योरेकात्मतेवास्मिता ।

dṛg darshana shaktyôr êkátmatêvásmitá

Egotismo é quando se confunde o poder do Vedor com o poder ver.

II-7

सुखानुशयी रागः।

sukhánushayí rágaḥ

A paixão deriva do prazer.

II-8

दुःखानुशयी द्वेषः।

duḥkhánushayí dwêṣhaḥ

A aversão deriva da dor.

II-9

स्वरसवाही विदुषोऽपि तथारूढोऽभिनिवेशः।

swarasaváhí viduṣhô'pi tathá rúḍhô'bhinivêshaḥ

O apego à vida é natural e está presente até no sábio.

II-10

ते प्रतिप्रसवहेयाः सूक्ष्माः।

tê pratiprasava hêyáḥ súkṣhmáḥ

Estes obstáculos podem ser sutilizados e eliminados.

II-11

ध्यानहेयास्तद्वृत्तयः।

dhyána hêyás tad vṛttayaḥ

A meditação elimina tais vṛttis.

II-12

क्लेशमूलः कर्माशयो दृष्टादृष्टजन्मवेदनीयः ।

klêsha múlaḥ karmáshayô dṛṣhṭádṛṣhṭa janma vêdaníyaḥ

O karma tem suas raízes nos obstáculos
e é experimentado tanto no nascimento objetivo quanto no subjetivo.

II-13

सति मूले तद्विपाको जात्यायुर्भोगाः ।

sati múlê tad vipákô játyáyur bhôgáḥ

Permanecendo a existência das raízes, permanecem
as consequências (kármicas) que vão determinar tudo:
o nascimento, a própria vida e as suas experiências.

II-14

ते ह्लादपरितापफलाः पुण्यापुण्यहेतुत्वात् ।

tê hláda paritápa phaláḥ puṇyápuṇya hêtutwát

Estas produzem alegria ou dor,
conforme sua causa seja virtude ou vício.

II-15

परिणामतापसंस्कारदुःखैर्गुणवृत्तिविरोधाच्च दुःखमेव सर्वं विवेकिनः ।

**pariṇáma tápa saṁskára duḥkhair guṇa vṛtti virôdhách
cha duḥkham êva sarvaṁ vivêkinaḥ**

Para aquele que discrimina, tudo provoca dor, seja devido
à antecipação do sentimento de perda, ou a novos desejos
produzidos pelos saṁskáras, ou, ainda, a conflitos entre os guṇas.

II-16

हेयं दुःखमनागतम्।

hêyaṁ duḥkham anágatam

A dor que ainda não surgiu pode ser evitada.

II-17

द्रष्टृदृश्ययोः संयोगो हेयहेतुः।

draṣhṭṛ dṛshyayôḥ saṁyôgô hêya hêtuḥ

A causa dessa dor que pode ser evitada
é a identificação do Vedor com o visível.

II-18

प्रकाशक्रियास्थितिशीलं भूतेन्द्रियात्मकं भोगापवर्गार्थं दृश्यम्।

prakásha kriyá sthiti shílaṁ bhútêndriyátmakaṁ bhôgápavargárthaṁ dṛshyam

O visível existe para a emancipação do Vedor.
O visível consiste na relação dos elementos prakásha-kriyá-sthiti (luminosidade-atividade-estabilidade) com os bhútêndriyas.

II-19

विशेषाविशेषलिङ्गमात्रालिङ्गानि गुणपर्वाणि।

vishêṣhávishêṣha liṅgamátráliṅgáni guṇa parváṇi

Os gunas estão presentes em tudo,
em escala particular e geral, visível e invisível.

II-20

द्रष्टा दृशिमात्रः शुद्धोऽपि प्रत्ययानुपश्यः ।

Drașhța dṛshimátraḥ shuddhô'pi pratyayánupashyaḥ.

O Vedor somente vê e, embora puro, experiencia através da inteligência*.

(*Inteligência, aqui, tem o sentido de consciência)

II-21

तदर्थ एव दृश्यस्यात्मा ।

tad artha êva dṛshyasyátmá

O visível existe apenas em função do Vedor.

II-22

कृतार्थं प्रति नष्टमप्यनष्टं तदन्यसाधारणत्वात् ।

kṛtárthaṁ prati nașhțam apy anașhțaṁ tad anya sádháraṇatwát

Conquanto o visível deixe de existir para quem tenha atingido seu objetivo, continua existindo para os demais, pois é comum a todos.

II-23

स्वस्वामिशक्त्योः स्वरूपोपलब्धिहेतुः संयोगः ।

swa swámi shaktyôḥ swarúpôpalabdhi hêtuḥ saṁyôgaḥ

A união [entre o Purușha e a Prakṛti] conduz à conscientização da natureza da energia do possuidor e da do possuído.

II-24

तस्य हेतुरविद्या ।

tasya hêtur avidyá

A causa dessa união é a nesciência.

II-25

तदभावात्संयोगाभावो हानं तद्दृशेःकैवल्यम् ।

tad abhávát saṁyôgábhávô hánaṁ tad dṛshêḥ kaivalyam

Quando ela é eliminada, tal união desaparece e o Vedor é liberado.

II-26

विवेकख्यातिरविप्लवा हानोपायः ।

vivêka khyátir aviplavá hánôpáyaḥ

O meio de destruir a ignorância é o constante discernimento.

II-27

तस्य सप्तधा प्रान्तभूमिः प्रज्ञा ।

tasya saptadhá pránta bhúmiḥ prajñá

O conhecimento é alcançado mediante sete passos.

II-28

योगाङ्गानुष्ठानादशुद्धिक्षये ज्ञानदीप्तिराविवेकख्यातेः ।

Yôgáṅgánuṣhṭhánád ashuddhi kṣhayê
jñána díptirá vivêka khyátêḥ

Com a prática dos diversos aṅgas do Yôga, destróem-se as impurezas, e o conhecimento torna-se pleno de discernimento.

II-29

यमनियमासनप्राणायामप्रत्याहारधारणाध्यानसमाध योऽष्टावङ्गानि ।

yama niyama ásana práṇáyáma pratyáhára
dháraṇá dhyána samádhayô'ṣhṭáv aṅgáni.

Proscrições e prescrições éticas, posições físicas, respiratórios, abstração dos sentidos, concentração mental, meditação e hiperconsciência, são as oito partes (do Yôga clássico).

II-30

अहिंसासत्यास्तेयब्रह्मचर्यापरिग्रहा यमाः ।

ahiṁsá satya astêya brahmacharya aparigrahá yamáḥ

As proscrições éticas são: não agredir, não mentir, não roubar, não dissipar a sexualidade, não ser possessivo.

II-31

जातिदेशकालसमयानवच्छिन्नाः सार्वभौमा महाव्रतम्।

játi dêsha kála samayánavacchinnáḥ sárvabhaumá mahá vratam

Estas proscrições são um grande voto, aplicável a todos os casos, e não estão limitadas por casta, lugar, tempo nem circunstância.

II-32

शौचसंतोषतपःस्वाध्यायेश्वरप्रणिधानानि नियमाः।

shaucha santôṣha tapaḥ swádhyayêshwara praṇidhánáni niyamáḥ

As prescrições éticas são:
limpeza, alegria, autossuperação, auto-estudo e auto-entrega.

II-33

वितर्कबाधने प्रतिपक्षभावनम्।

vitarka bádhanê pratipakṣha bhávanam

Quando surgirem pensamentos indesejáveis, estes podem ser vencidos convivendo-se com os seus opostos.

II-34

वितर्का हिंसादयः कृतकारितानुमोदिता लोभक्रोध मोहपूर्वका मृदुमध्याधिमात्रा दुःखाज्ञानानन्तफला इति प्रतिपक्षभावनम्।

vitarká hiṁsádayaḥ kṛta káritánumôditá lôbhakrôdha môha púrvaká mṛdu madhyádhimátrá duḥkhájñánánanta phalá iti pratipakṣha bhávavam

Os pensamentos indesejáveis, assim como os de agressão, quer sejam cometidos, permitidos ou causados pela avareza, cólera ou engano, quer sejam moderados, médios ou grandes, são frutos da ignorância e sempre terminam em sofrimento. Por isso é necessário convivermos com seus opostos.

II-35

अहिंसाप्रतिष्ठायां तत्सन्निधौ वैरत्यागः।

ahiṁsá pratiṣhṭhayáṁ tat sannidhau vairatyágaḥ

Quando se vivencia a não-agressão,
a hostilidade desaparece em nossa presença.

II-36

सत्यप्रतिष्ठायां क्रियाफलाश्रयत्वम्।

satya pratiṣhṭháyáṁ kriyá phaláshrayatwam

Quando se faz uso estrito da verdade,
obtêm-se resultados, mesmo sem tomar nenhuma atitude concreta.

II-37

अस्तेयप्रतिष्ठायां सर्वरत्नोपस्थानम्।

astêya pratiṣhṭháyáṁ sarva ratnôpastánam

Quando se observa a honestidade, toda a riqueza é atraída.

II-38

ब्रह्मचर्यप्रतिष्ठायां वीर्यलाभः।

brahmacharya pratiṣhṭháyáṁ vírya lábhaḥ

Quando se observa a não-dissipação da sexualidade,
obtém-se uma grande potência.

II-39

अपरिग्रहस्थैर्ये जन्मकथंतासंबोधः ।

aparigraha sthairyê janma kathaṁtá saṁbôdhaḥ

Quando se observa a não-possessividade,
compreende-se o sentido da vida.

II-40

शौचात्स्वाङ्गजुगुप्सा परैरसंसर्गः ।

shauchát swáṅga jugupsá parair asaṁsargaḥ

Quando se observa a limpeza do próprio corpo,
ocorre a aversão pelo contato físico com outros que não a observem.

II-41

सत्त्वशुद्धिसौमनस्यैकाग्र्येन्द्रियजयात्मदर्शनयोग्यत्वानि च ।

sattwashuddhi saumanasyaikágryêndriya
jayátmadarshana yôgyatwáni cha

Com a purificação, advém a clareza mental, o poder de concentração,
o domínio dos sentidos e a aptidão para perceber o Si Mesmo.

II-42

संतोषादनुत्तमः सुखलाभः ।

saṅtôshád anuttamaḥ sukha lábhaḥ

A observância da alegria constante conduz à superlativa felicidade.

II-43

कायेन्द्रियसिद्धिरशुद्धिक्षयात्तपसः ।

káyêndriya siddhir ashuddhi kṣhayát tapasah

A autossuperação produz a destruição das impurezas,
o que conduz ao aperfeiçoamento da sensibilidade corporal.

II-44

स्वाध्यायादिष्टदेवतासंप्रयोगः ।

swádhyáyád iṣhṭa dêvatá saṁprayôgaḥ

O auto-estudo predispõe ao contato com as Potestades propiciatórias.

II-45

समाधिसिद्धिरीश्वरप्रणिधानात् ।

samádhi siddhir Íshwara praṇidhánát

Pela auto-entrega advém o aperfeiçoamento da hiperconsciência.

II-46

स्थिरसुखमासनम् ।

sthira sukham ásanam

O ásana (posição corporal) deve ser firme e confortável.

II-47

प्रयत्नशैथिल्यानन्तसमापत्तिभ्याम् ।

prayatna shaithilyánanta samápattibhyám

Ele (o ásana) é dominado quando se elimina a tensão e medita-se no infinito.

II-48

ततो द्वंद्वानभिघातः ।

tatô dwaṁdwánabhighátaḥ

Como consequência, a dualidade cessa.

II-49

तस्मिन् सतिश्वासप्रश्वासयोर्गतिविच्छेदःप्राणायामः ।

tasmin sati shwása prashwásayôr gati vicchêdaḥ práṇáyámaḥ

Isso obtido, o passo seguinte é pránáyáma, que consiste em controlar o processo de inspirar (shwása) e expirar (prashwása).

II-50

बाह्याभ्यन्तरस्तम्भवृत्तिर्देशकालसंख्याभिःपरिदृष्टो दीर्घसूक्ष्मः ।

báhyábhyantara stambha vṛttir dêshakála
saṁkhyábhiḥ paridṛṣhṭô dírghasúkṣhmaḥ

As modificações da respiração compreendem: (1) a respiração externa (báhya), interna (abhyantara), ou retida (stambha); (2) estão reguladas pelo comprimento do alento (dêsha), tempo (kála) e número (sáṁkhya) de respirações; (3) e o exercício pode ser de longa (dírgha) ou curta (súkṣhma) duração.

II-51

बाह्याभ्यन्तरविषयाक्षेपी चतुर्थः।

báhyábhyantara viṣhayákṣhêpi chaturthaḥ

O quarto tipo (de pránáyáma) está além da inspiração e da expiração.

II-52

ततः क्षीयते प्रकाशावरणम्।

tataḥ kshíyatê prakáshávaraṇam

Com isso, desvenda-se a lucidez.

II-53

धारणासु च योग्यता मनसः।

dháraṇásu cha yôgyatá manasaḥ

E a mente torna-se mais apta para a concentração (dháraṇá).

II-54

स्वविषयासंप्रयोगे चित्तस्य स्वरूपानुकार इवेन्द्रियाणां प्रत्याहारः।

swá viṣhayásaṁprayôgê chittasya swarúpánukára ivêndriyáṇáṁ pratyáháraḥ

Quando os sentidos já não estão em contato com seus objetos e assumem a própria natureza de chitta, isso é pratyáhára.

II-55

ततः परमा वश्यतेन्द्रियाणाम्।

tataḥ paramá vashyatêndriyáṇám

Com isso obtém-se o total controle dos sentidos.

III

विभूतिपादः

vibhúti pádaḥ

A trilha dos poderes

III-1

देशबन्धश्चित्तस्य धारणा ।

dêsha bandhash chittasya dháraṇá

dháraṇá[12] (concentração) consiste em centrar a consciência (chitta) em uma área delimitada.

III-2

तत्र प्रत्ययैकतानता ध्यानम् ।

tatra pratyayaikatánatá dhyánam

dhyána (meditação) consiste em manter a continuidade da atenção sobre aquela área específica da consciência.

12 Iniciaremos as frases com minúsculas nos termos sânscritos para corrigir o reflexo do ocidental de escrever toda e qualquer palavra sânscrita com iniciais maiúsculas, mesmo quando não se tratar de nome próprio.

III-3

तदेवार्थमात्रनिर्भासं स्वरूपशून्यमिव समाधिः।

tad êvárthamátra nirbhásaṁ swarúpa shúnyam iva samádhiḥ

samádhi[13] (hiperconsciência) é quando chitta assume a natureza do objeto sobre o qual se medita, esvaziando-se da sua própria natureza.

III-4

त्रयमेकत्र संयमः।

trayam êkatra saṁyamaḥ

saṁyama (disciplina) é a prática destes três passos (dháraṇá, dhyána e samádhi) a um só tempo [numa só sentada].

III-5

तज्जयात्प्रज्ञालोकः।

taj jayát prajñálokaḥ

Do sucesso nele, advém o conhecimento direto.

III-6

तस्य भूमिषु विनियोगः।

tasya bhúmiṣhu viniyôgaḥ

Sua aplicação deve ser por etapas.

---

13 Iniciaremos as frases com minúsculas nos termos sânscritos para corrigir o reflexo do ocidental de escrever toda e qualquer palavra sânscrita com iniciais maiúsculas, mesmo quando não se tratar de nome próprio.

III-7

त्रयमन्तरङ्गं पूर्वेभ्यः।

trayam antaraṅgaṁ púrvêbhyaḥ

Estes três estágios são mais internos que os precedentes.

III-8

तदपि बहिरङ्गं निर्बीजस्य।

tad api bahiraṅgaṁ nirbíjasya

Porém, até estes são considerados externos
se comparados com o nirbíja samádhi (samádhi sem semente).

III-9

व्युत्थाननिरोधसंस्कारयोरभिभवप्रादुर्भावौ
निरोधक्षणचित्तान्वयो निरोधपरिणामः।

**vyutthána nirôdha saṁskárayôr abhibhava prádurbhávau
nirôdha kṣhaṇa chittánvayô nirôdha pariṇámaḥ**

nirôdha pariṇama (evolução por supressão) ocorre
quando se instala na consciência o saṁskára de nirôdha.

III-10

तस्य प्रशान्तवाहिता संस्कारात्।

tasya prashánta váhitá saṁskárát

Por esse saṁskára, seu fluxo (da consciência) torna-se imperturbável.

III-11

सर्वार्थतैकाग्रतयोः क्षयोदयौ चित्तस्य समाधिपरिणामः ।

sarvárthataikágratayôḥ kṣhayôdayau chittasya samádhi pariṇámaḥ

O samádhi pariṇáma (evolução por hiperconsciência) ocorre quando se elimina a dispersão e observa-se a unidirecionalidade da consciência.

III-12

ततः पुनः शान्तोदितौ तुल्यप्रत्ययौ चित्तस्यैकाग्रता परिणामः ।

tataḥ punaḥ shántôditau tulya pratyayau chittasyaikágratá pariṇámaḥ

chittasyaikágratá[14] pariṇámaḥ (evolução por unidirecionalidade da consciência) ocorre quando os impulsos cognitivos opostos, passivos e ativos, são neutralizados.

III-13

एतेन भूतेन्द्रियेषु धर्मलक्षणावस्थापरिणामा व्याख्याताः ।

êtêna bhútêndriyêṣhu dharma lakṣhaṇávasthá pariṇámá vyákhyátáḥ

Da mesma forma, pode ser compreendida a evolução dos elementos corporais (bhúta) e dos sentidos (indriya), que ocorre em função das suas propriedades (dharma), do tempo (lakshana) e das condições (avasthá).

---

14 Iniciaremos as frases com minúsculas nos termos sânscritos para corrigir o reflexo do ocidental de escrever toda e qualquer palavra sânscrita com iniciais maiúsculas, mesmo quando não se tratar de nome próprio.

III-14

शान्तोदिताव्यपदेश्यधर्मानुपाती धर्मी ।

shántôditávyapadêshya dharmánupátí dharmí

Contudo, o substrato permanece invariável
entre o passivo (shánta) e o ativo (udita).

III-15

क्रमान्यत्वं परिणामान्यत्वे हेतुः ।

kramányatwaṁ pariṇámányatwê hêtuḥ

A sucessão de mudanças (krama) é o que produz a evolução (pariṇáma).

III-16

परिणामत्रयसंयमादतीतानागतज्ञानम् ।

pariṇáma traya saṁyamád atítánágata jñánam

Praticando saṁyama nas três formas de evolução
obtém-se o conhecimento do passado e do futuro.

III-17

शब्दार्थप्रत्ययानामितरेतराध्यासात्संकरस्तत्प्रविभागसंयमात्सर्वभूतरुतज्ञानम् ।

**shabdártha pratyayánám itarêtarádhyását saṁkáras tat
pravibhága saṁyamát sarva bhúta ruta jñánam**

O som, seu significado e a ideia correspondente confundem-se devido
à superposição. Praticando-se saṁyama sobre o som produzido por
qualquer ser, obtém-se o conhecimento da sua distinção.

III-18

संस्कारसाक्षात्करणात्पूर्वजातिज्ञानम्।

saṁskára sákṣhátkaraṇát púrva játi jñánam

Pela percepção direta dos saṁskaras conquistam-se os conhecimentos inerentes à sua herança cultural (játi = nascimento, casta).

III-19

प्रत्ययस्य परचित्तज्ञानम्।

pratyayasya parachitta jñánam

Por esse meio, conhecem-se os pensamentos de outra pessoa.

III-20

न च तत्सालम्बनं तस्याविषयीभूतत्वात्।

na cha tat sálambanaṁ tasyáviṣhayí bhútatwát

Mas não se pode obter essa percepção
a menos que se apoie nos seus elementos.

III-21

कायरूपसंयमात्तद्ग्राह्यशक्तिस्तम्भे चक्षुःप्रकाशा संप्रयोगेऽन्तर्धानम्।

káya rúpa saṁyamát tad gráhya shakti stambhê chakṣhuḥ prakáshásaṁprayôgê'ntardhánam

O saṁyama realizado sobre o próprio corpo
pode suspender a perceptibilidade visual de sua forma.

III-22

सोपक्रमं निरुपक्रमं च कर्म तत्संयमादपरान्तज्ञानमरिष्टेभ्यो वा ।

**sôpakramaṁ nirupakramaṁ cha karma
tat saṁyamád aparánta jñánam ariṣṭêbhyô vá**

O karma pode ser imediato ou retardado; praticando saṁyama sobre
ele, pode-se prever o curso das ações e, até mesmo, conhecer o
momento da morte.

III-23

मैत्र्यादिषु बलानि ।

maitry ádiṣhu baláni

Efetuando saṁyama sobre a amizade e outras virtudes,
adquirem-se essas respectivas qualidades.

III-24

बलेषु हस्तिबलादीनि ।

balêṣhu hasti baládíni

Praticando saṁyama sobre a força do elefante [ou outro animal],
obtém-se o seu poder.

III-25

प्रवृत्त्यालोकन्यासात्सूक्ष्मव्यवहितविप्रकृष्टज्ञानम् ।

pravṛtty álôka nyását súkṣhma vyavahita viprakṛṣhṭa jñánam

Aplicando saṁyama na luz,
adquire-se o conhecimento das coisas sutis, ocultas ou remotas.

III-26

भुवनज्ञानं सूर्ये संयमात्।

bhuvana jñánaṁ súryê saṁyamát

Efetuando saṁyama sobre o Sol,
adquire-se o conhecimento do Universo.

III-27

चन्द्रे ताराव्यूहज्ञानम्।

chandrê tárá vyúha jñána

Praticando saṁyama sobre a Lua,
obtém-se o conhecimento dos corpos celestes.

III-28

ध्रुवे तद्गतिज्ञानम्।

dhruvê tad gati jñánam

Aplicando saṁyama sobre a Estrela Polar,
adquire-se o conhecimento dos movimentos das estrelas.

III-29

नाभिचक्रे कायव्यूहज्ञानम्।

nábhi chakrê káya vyúha jñánam

Efetuando saṁyama sobre o círculo do umbigo,
obtém-se o conhecimento da constituição estrutural e funcional do corpo.

III-30

कण्ठकूपे क्षुत्पिपासानिवृत्तिः।

kaṇṭha kúpê kṣhut pipásá nivṛttiḥ

Praticando saṁyama sobre a cavidade da garganta, consegue-se a cessação da fome e da sede.

III-31

कूर्मनाड्यां स्थैर्यम्।

kúrma náḍyáṁ sthairyam

Aplicando saṁyama sobre a kúrma nádí (canal kúrma), consegue-se a estabilidade do corpo.

III-32

मूर्धज्योतिषि सिद्धदर्शनम्।

múrdha jyôtiṣhi siddha darshanam

Mediante saṁyama sobre a luz que envolve a cabeça, adquire-se visão paranormal.

III-33

प्रातिभाद्वा सर्वम्।

prátibhád vá sarvam

Mediante a intuição, consegue-se todo tipo de conhecimento.

III-34

हृदये चित्तसंवित् ।

hṛdayê chitta saṁvit

Praticando saṁyama sobre o coração,
obtém-se o conhecimento de chita (a consciência).

III-35

सत्त्वपुरुषयोरत्यन्तासंकीर्णयोः प्रत्ययाविशेषो भोगः

परार्थत्वात्स्वार्थसंयमात्पुरुषज्ञानम् ।

**sattwa Puruṣhayôr atyantásaṁkírṇayôḥ pratyayávishêṣhô bhôgaḥ
parárthat vát swártha saṁyamát Puruṣha jñánam**

A falta de discriminação entre sattwa e Puruṣha leva a confundí-los,
conquanto sejam inteiramente distintos um do outro; aplicando
saṁyama sobre essa distinção, alcança-se o conhecimento
do Puruṣha (Self).

III-36

ततः प्रातिभश्रावणवेदनादर्शास्वादवार्ता जायन्ते ।

tataḥ prátibha shrávaṇa vêdanádarsháswáda vártá jáyántê

Então, começa-se a adquirir percepções paranormais através da intuição.

III-37

ते समाधावुपसर्गा व्युत्थाने सिद्धयः।

tê samádháv upasargá vyutthánê siddhayaḥ

Esses poderes são obstáculos para alcançar o samádhi, embora sejam perfeições no conceito profano.

III-38

बन्धकारणशैथिल्यात्प्रचारसंवेदनाच्च चित्तस्य परशरीरावेशः।

bandha káraṇa shaithilyát prachára saṁvêdanách cha chittasya parasharírávêshaḥ

Eliminando a causa da ligadura, chitta pode entrar em outros veículos mediante o conhecimento dos meios.

III-39

उदानजयाज्जलपङ्ककण्टकादिष्वसङ्ग उत्क्रान्तिश्च।

udána jayáj jala paṅka kaṇṭakádiṣhw asaṅga utkrántish cha

Mediante o controle da bioenergia denominada udána, consegue-se deslocar com leveza sobre ás águas, sobre os pântanos, sobre os espinhos.

III-40

समानजयाज्ज्वलनम्।

samána jayáj jvalanam

Mediante o controle da (bioenergia denominada) samána, o yôgin torna-se irradiante.

III-41

श्रोत्राकाशयोः संबन्धसंयमाद्दिव्यं श्रोत्रम् ।

shrôtrákáshayôḥ saṁbandha saṁyamád divyaṁ shrôtram

Praticando saṁyama na relação entre o akásha e a audição, desenvolve-se a audição paranormal.

III-42

कायाकाशयोः संबन्धसंयमाल्लघुतूलसमापत्तेश्चा काशगमनम् ।

káyákáshyôḥ saṁbandha saṁyamállaghu túla samápattêsh chákásha gamanam

Efetuando saṁyama na relação entre o akásha e o corpo, identificando-se com coisas que tenham a leveza do algodão, adquire-se a habilidade de deslocar-se pelo espaço.

III-43

बहिरकल्पिता वृत्तिर्महाविदेहा ततः प्रकाशावरणक्षयः ।

bahir akalpitá vṛttir mahávidêhá tataḥ prakáshávaraṇa kṣhayaḥ

Efetuando saṁyama sobre o mahá videhá (o siddhi denominado "grande incorpóreo"), eliminam-se os impedimentos à projeção da luz.

III-44

स्थूलस्वरूपसूक्ष्मान्वयार्थवत्त्वसंयमाद्भूतजयः ।

sthúla swarúpa súkṣhmánvayárthavattwa saṁyamád bhútajayaḥ

Aplicando saṁyama sobre os elementos (bhúta) em seu estado denso (sthúla), essencial (swárupa), sutil (súkṣhuma), penetrante (anvaya) e funcional (artharvattwa), estes podem ser controlados pelo yôgi.

III-45

ततोऽणिमादिप्रादुर्भावः कायसंपत्तद्धर्मानभिघातश्च ।

Tatô'ṇimádi prádurbhárvaḥ káya saṁpat
tad dharmánabhighátash cha.

Desse poder de controlar os elementos, provêm aṇimam (o siddhi que permite reduzir sua percepção a dimensões infinitesimais) e os outros poderes, tais como a perfeição do corpo e também a não obstrução das suas funções.

III-46

रूपलावण्यबलवज्रसंहननत्वानि कायसंपत् ।

Rúpa lávaṇya bala vajra saṁhanana twáni káya saṁpat.

A perfeição do corpo consiste em beleza, encanto,
força e a dureza do diamante.

III-47

ग्रहणस्वरूपास्मितान्वयार्थवत्त्वसंयमादिन्द्रियजयः।

grahaṇa swarúpásmitánvayárthavattwa saṁyamád indriya jayaḥ

O domínio dos órgãos dos sentidos é alcançado praticando saṁyama em seu poder de percepção, natureza real, relação com o ego e em seu propósito.

III-48

ततो मनोजवित्वं विकरणभावः प्रधानजयश्च।

tatô manôjavitwaṁ vikaraṇa bhávaḥ pradhána jayash cha

Daí provém a capacidade de adquirir conhecimento instantâneo sem o uso dos sentidos, e completo controle sobre a natureza.

III-49

सत्त्वपुरुषान्यताख्यातिमात्रस्य सर्वभावाधिष्ठातृत्वं सर्वज्ञातृत्वं च।

sattwa Puruṣhányatá khyáti mátrasya sarva bháva adhiṣhṭhátṛtwaṁ sarva jñátṛtwaṁ cha

Mediante a compreensão da distinção entre sattwa e Puruṣha, obtêm-se a onipotência e a onisciência.

III-50

तद्वैराग्यादपि दोषबीजक्षये कैवल्यम्।

Tad vairágyád api dôṣha bíja kṣhayê kaivalyam.

Quando ocorre o desapego até a isso, produz-se a destruição da semente do erro e alcança-se a libertação (kaivalya).

III-51

स्थान्युपनिमन्त्रणे सङ्गस्मयाकरणं पुनरनिष्टप्रसङ्गात् ।

sthány upanimantraṇê saṅga smayá
karaṇaṁ punar aniṣhṭa prasaṅgát

O yôgi não deve tornar-se orgulhoso pelo tratamento lisonjeiro que lhe devotarem, pois daí poderá advir uma recaída no indesejável.

III-52

क्षणतत्क्रमयोः संयमाद्विवेकजं ज्ञानम् ।

kṣhaṇa tat kramayôḥ saṁyamád vivêkajaṁ jñánam

Efetuando saṁyama sobre o momento presente e sua sucessão, obtém-se o conhecimento discernente.

III-53

जातिलक्षणदेशैरन्यतानवच्छेदात्तुल्ययोस्ततःप्रतिपत्तिः ।

játi lakṣhaṇa dêshair anyatánavacchêdát
tulyayôs tataḥ pratipattiḥ

Então, percebe-se a distinção entre coisas similares,
ainda quando essa diferença não possa ser notada por classe (játi),
características (lakṣhaṇa) ou posição no espaço (dêsha).

III-54

तारकं सर्वविषयं सर्वथाविषयमक्रमं चेति विवेकजं ज्ञानम्।

tárakaṁ sarva viṣhayaṁ sarvathá vishayam
akramaṁ chêti vivêkajaṁ jñánam

O conhecimento nascido do discernimento é libertador e abrange simultaneamente todos os objetos em todas as suas variedades.

III-55

सत्त्वपुरुषयोः शुद्धिसाम्ये कैवल्यम्।

sattwa Puruṣhayôḥ shuddhi sámyê kaivalyam

A libertação (kaivalya) é alcançada
quando sattwa atinge uma pureza (shuddhi) igual à de Puruṣha.

IV

कैवल्यपादः

kaivalya pádaḥ

A trilha da libertação

IV-1

जन्मौषधिमन्त्रतपः समाधिजाः सिद्धयः ।

janmauṣhadhi mantra tapaḥ samádhi jaḥ siddhayaḥ

Os siddhis podem ser obtidos por nascimento, por meio de ervas medicinais, por vocalizações, pela autossuperação ou pelo samádhi.

IV-2

जात्यन्तरपरिणामः प्रकृत्यापूरात् ।

játy antara pariṇámaḥ prakṛty ápurát

A transformação evolutiva é causada pelo fluxo da Prakṛti (a Natureza).

IV-3

निमित्तमप्रयोजकं प्रकृतीनां वरणभेदस्तु ततः क्षेत्रिकवत्।

nimittam aprayôjakaṁ prakṛtínáṁ
varaṇa bhêdas tu tataḥ kṣhêtrikavat

As ocorrências incidentais não são as causas diretas da transformação evolutiva, mas atuam na remoção dos obstáculos às tendências da Natureza; assim como o agricultor remove os obstáculos do riacho, para que as águas sigam seu curso natural.

IV-4

निर्माणचित्तान्यस्मितामात्रात्।

nirmáṇa chittány asmitá mátrát

asmitá (noção do eu, egotismo) é a causa primal dos vários aspectos da consciência.

IV-5

प्रवृत्तिभेदे प्रयोजकं चित्तमेकमनेकेषाम्।

pravṛtti bhêdê prayôjakaṁ chittam êkam anêkêṣhám

Embora tenhamos vários aspectos de chitta, todos são emanados de um único.

IV-6

तत्र ध्यानजमनाशयम्।

tatra dhyánajam anáshayam

Dentre todos, aqueles nascidos da meditação não têm resíduos [kármicos].

IV-7

कर्माशुक्लाकृष्णं योगिनस्त्रिविधमितरेषाम् ।

karmáshuklákṛṣhṇaṁ yôginas trividham itarêṣhám

Para o yôgin, o karma transcende o bem e o mal;
para os demais é de três tipos.

IV-8

ततस्तद्विपाकानुगुणानामेवाभिव्यक्तिर्वासनानाम् ।

tatas tad vipákánuguṇánám êvábhivyaktir vásanánám

Desses três tipos, somente manifestam-se aqueles
que encontram condições favoráveis nos vásanás
(indutores subconscientes das ações automáticas).

IV-9

जातिदेशकालव्यवहितानामप्यानन्तर्यं स्मृतिसंस्कार योरेकरूपत्वात् ।

**játi dêsha kála vyavahitánám apy ánantaryaṁ
smṛti saṁskárayôr êkarúpatwát**

Devido aos saṁskáras e as memórias deles serem idênticos, eles têm uma relação ininterrupta, apesar de serem separados por tipo, local e tempo.

IV-10

तासामनादित्वं चाशिषो नित्यत्वात् ।

tásám anáditwaṁ cháshiṣhô nityatwát

Eles (os saṁskáras) não têm princípio, pois o desejo de viver é eterno.

IV-11

हेतुफलाश्रयालम्बनैः संगृहीतत्वादेषामभावे तदभावः ।

hêtu phaláshrayálambanaiḥ saṁgṛhítatwád êṣhám abhávê tad abhávaḥ

Como os saṁskáras são mantidos juntos devido à causa, efeito, essência e suporte, a eliminação destes conduz à daqueles.

IV-12

अतीतानागतं स्वरूपतोऽस्त्यध्वभेदाद्धर्माणाम् ।

atítánágataṁ swarúpatô'sty adhva bhêdád dharmáṇám

O passado e o futuro são da mesma natureza e as diferenças entre eles são devidas às condições (temporais) de suas características.

IV-13

ते व्यक्तसूक्ष्मा गुणात्मानः ।

tê vyakta súkṣhmá guṇátmánaḥ

Elas (as características) são manifestadas ou sutis, conforme os guṇas.

IV-14

परिणामैकत्वाद्वस्तुतत्त्वम् ।

pariṇámaikatwád vastu tattwam

A objetivação dos elementos decorre da unicidade do processo evolutivo (pariṇámaikatwád).

IV-15

वस्तुसाम्ये चित्तभेदात्तयोर्विभक्तः पन्थाः ।

vastu sámyê chitta bhêdát tayor vibhaktaḥ pantháḥ

Sob estruturas diferentes, chitta adquire noções discrepantes a respeito de um mesmo conceito ou objeto.

IV-16

न चैकचित्ततन्त्रं चेद्वस्तु तदप्रमाणकं तदा किं स्यात् ।

na chaika chitta tantraṁ chêdvastu tad apramáṇakaṁ tadá kiṁ syát

No entanto, a existência de um objeto não depende da percepção de um único chitta (êka chitta tantraṁ); o objeto deixaria de existir se não fosse percebido?

IV-17

तदुपरागापेक्षित्वाच्चित्तस्य वस्तु ज्ञाताज्ञातम् ।

tad uparágápêkṣhitwách chittasya vastu jñátájñátam

O objeto é conhecido ou desconhecido para a consciência, dependendo do colorido com que a impregne.

IV-18

सदा ज्ञाताश्चित्तवृत्तयस्तत्प्रभोः पुरुषस्यापरिणामित्वात् ।

sadá jñátásh chitta vṛttayas tat prabhôḥ Puruṣhasyápariṇámitwát

Os chitta vṛttis são sempre conhecidos pelo seu senhor, o Puruṣha, porque ele é imutável.

IV-19

न तत्स्वाभासं दृश्यत्वात्।

na tat swábhásaṁ dṛshyatwát

A consciência não pode observar-se a si mesma.
[chitta só pode ser observada pelo Puruṣha.]

IV-20

एकसमये चोभयानवधारणम्।

êka samayê chôbhayánavadháraṇam

Não é possível focar ao mesmo tempo nos dois,
Puruṣha e chitta.

IV-21

चित्तान्तरदृश्ये बुद्धिबुद्धेरतिप्रसङ्गः स्मृतिसंकरश्च।

chittántara dṛshyê buddhi buddhêr atiprasaṅgaḥ smṛti saṁkarash cha

Se a percepção de um chitta fosse realizada por outro chita (chittántara) resultaria em um interminável (atiprasaṅgaḥ) conhecimento do conhecimento (buddhi buddhêr), assim como a confusão da memória (smṛti saṁkarash).

IV-22

चितेरप्रतिसंक्रमायास्तदाकारापत्तौ स्वबुद्धिसंवेदनम्।

chitêr apratisaṁkramáyás tad ákárápattau swa buddhi saṁvêdanam

Quando chitta se detém e não reflete nenhum objeto, passa a refletir o Vedor, que é imutável, e isso conduz ao autoconhecimento (swa buddhi).

IV-23

द्रष्टृदृश्योपरक्तं चित्तं सर्वार्थम्।

draṣhṭṛ dṛshyôparaktaṁ chittaṁ sarvártham

O chitta, colorido pelo Vedor e pelo visível, compreende todas as coisas.

IV-24

तदसंख्येयवासनाभिश्चित्रमपि परार्थं संहत्यकारित्वात्।

tad asaṁkhyêya vásanábhish chitram
api parárthaṁ saṁhatya káritwát

O chitta, embora pleno de inúmeras tendências, atua para um outro (o Puruṣha), pois que só pode atuar em combinação com ele.

IV-25

विशेषदर्शिन आत्मभावभावनाविनिवृत्तिः।

vishêṣha darshina átma bháva bhávaná vinivṛttiḥ

Aquele que entende esta distinção, deixa de interpretar completamente o chitta como sendo o Vedor.

IV-26

तदा विवेकनिम्नं कैवल्यप्राग्भारं चित्तम्।

tadá vivêka nimnaṁ kaivalya prágbháraṁ chittam

Então, chitta torna-se inclinado ao discernimento e gravita em direção à libertação (kaivalya).

IV-27

तच्छिद्रेषु प्रत्ययान्तराणि संस्कारेभ्यः।

tach chhidrêṣhu pratyayántaráṇi saṁskárêbhyaḥ

Intermitentemente, surgem pensamentos dispersivos devidos aos saṁskáras.

IV-28

हानमेषां क्लेशवदुक्तम्।

hánam êṣháṁ klêshavad uktam

A destruição deles é feita da mesma forma, mencionada anteriormente, para os obstáculos.

IV-29

प्रसंख्यानेऽप्यकुसीदस्य सर्वथा विवेकख्यातेर्धर्ममेघः समाधिः।

prasaṁkhyánê'py akusídasya sarvathá vivêka khyátêr dharma mêghaḥ samádhiḥ

Aquele que renunciar até ao próprio interesse em obter o estado de hiperconsciência recebe, como resultado da perfeita discriminação, o samádhi denominado dharma mêgha.

IV-30

ततः क्लेशकर्मनिवृत्तिः।

tataḥ klêsha karma nivṛttiḥ

Daí decorre o desaparecimento do sofrimento e do karma.

IV-31

तदा सर्वावरणमलापेतस्य ज्ञानस्यानन्त्याज्ज्ञेयमल्पम् ।

tadá sarvávaraṇa malápêtasya jñánasyánantyáj jñêyam alpam

Então, com a remoção de todas as impurezas e invólucros,
o conhecimento torna-se infinito;
e o que resta para ser conhecido torna-se insignificante.

IV-32

ततः कृतार्थानां परिणामक्रमसमाप्तिर्गुणानाम् ।

tataḥ kṛtárthánáṁ pariṇáma krama samáptir guṇánám

Havendo cumprido seu propósito, que é a evolução,
os guṇas deixam de existir.

IV-33

क्षणप्रतियोगी परिणामापरान्तनिर्ग्राह्यः क्रमः ।

kṣhaṇa pratiyôgí pariṇámá paránta nirgráhyaḥ kramaḥ

krama é a sucessão dos momentos (kṣhaṇa)
e esse processo é compreendido no final da evolução.

IV-34

पुरुषार्थशून्यानां गुणानां प्रतिप्रसवः कैवल्यं स्वरूपप्रतिष्ठा वा चितिशक्तिरिति ।

Puruṣhártha shúnyánáṁ guṇánáṁ pratiprasavaḥ
kaivalyaṁ swarúpa pratiṣhṭhá vá chiti shaktir iti.

kaivalya (libertação) é o estado em que os guṇas entram em equilíbrio e se esvaziam, não tendo mais utilidade para o Puruṣha. Ele (kaivalya) é o estabelecimento do poder da consciência em sua própria natureza.

CÓDIGO DE ÉTICA DO YÔGA

Elaborado pelo Comendador DeRose inspirado no Yôga Sútra de Pátañjali.

INTRODUÇÃO

Yôga é qualquer metodologia estritamente prática que conduza ao samádhi.

I. AHIMSÁ

- A primeira norma ética milenar do Yôga é o ahimsá, a não-agressão. Deve ser entendido *lato sensu*.
- O ser humano não deve agredir gratuitamente outro ser humano, nem os animais, nem a natureza em geral.
- Não deve agredir fisicamente, nem por palavras, atitudes ou pensamentos.
- Permitir que se perpetre uma agressão, podendo impedi-la e não o fazer, é acumpliciar-se no mesmo ato.
- Derramar o sangue dos animais ou infligir-lhes sofrimento para alimentar-se de suas carnes mortas constitui barbárie indigna de uma pessoa sensível.
- Ouvir uma acusação ou difamação e não advogar em defesa do acusado indefeso por ausência, constitui confissão de conivência.

- Mais grave é a agressão por palavras, atitudes ou pensamentos cometida contra um outro praticante de Yôga.
- Inescusável é dirigir tal conduta contra um professor de Yôga.
- Sumamente condenável seria, se um procedimento hostil fosse perpetrado por um professor contra um de seus pares.

Preceito moderador:

A observância de ahimsá não deve induzir à passividade. O yôgin não pode ser passivo. Deve defender energicamente os seus direitos e aquilo em que acredita.

II. SATYA

- A segunda norma ética do Yôga é satya, a verdade.
- O yôgin não deve fazer uso da inverdade, seja ela na forma de mentira, seja na forma de equívoco ou distorção na interpretação de um fato, seja na de omissão perante uma dessas duas circunstâncias.
- Conseqüentemente, ouvir boatos e deixar que sejam divulgados é tão grave quanto passá-los adiante.
- O boato mais grave é aquele que foi gerado com boa-fé, por falta de atenção à fidelidade do fato comentado, já que uma inverdade dita sem más intenções, tem mais credibilidade.
- Emitir comentários sem o respaldo da verdade, sobre fatos ou pessoas, expressa inobservância à norma ética.
- Praticar ou transmitir uma versão inautêntica de Yôga constitui exercício da inverdade.
- Exercer o ofício de instrutor de Yôga sem ter formação específica, sem habilitação mediante avaliação de autoridade competente ou sem a autorização do seu Mestre, constitui ato ilegítimo.

Preceito moderador:

A observância de satya não deve induzir à falta de tato ou de caridade, sob o pretexto de ter que dizer sempre a verdade. Há muitas formas de expressar a verdade.

III. ASTÊYA

- A terceira norma ética do Yôga é astêya, não roubar.
- O yôgin não deve se apropriar de objetos, ideias, créditos ou méritos que sejam devidos a outrem.
- É patente que, ao fazer uso em aulas, em entrevistas a órgãos de comunicação e em textos escritos ou gravados de frases, definições, conceitos, métodos ou símbolos de outro professor, seu autor seja sempre honrado através de citação e/ou direito autoral, conforme o caso.
- Desonesto é prometer efeitos que o Yôga não pode proporcionar, bem como acenar com benefícios exagerados, irreais ou mirabolantes e, mormente, curas de qualquer natureza: física, psíquica ou espiritual.
- Um professor de Yôga não deve roubar alunos de outro professor.
- Em decorrência disso, será antiético um professor instalar-se para dar aulas nas proximidades de outro profissional da mesma linha de trabalho, sem consultá-lo previamente.
- Considera-se desonesto o professor cobrar preços vís, pois, além de desvalorizar a profissão, estará roubando o sustento aos demais professores que dedicam-se exclusivamente ao Yôga e precisam viver com dignidade e sustentar suas famílias como qualquer outro ser humano.
- Tal procedimento estaria, ademais, roubando da Humanidade o patrimônio cultural do Yôga, já que só poderia ministrá-lo a preços ignóbeis quem tivesse uma outra forma de sustento e, portanto, não se dedicasse a tempo integral ao estudo e auto-aprimoramento nessa filosofia de vida, o que culminaria numa gradual perda de qualidade até sua extinção total.

Preceito moderador:

A observância de astêya não deve induzir à recusa da prosperidade quando ela representar melhor qualidade de vida, saúde e cultura para o indivíduo e sua família. Contudo, a opulência é um roubo tácito.

IV. BRAHMACHARYA

- A quarta norma ética do Yôga é brahmacharya, a não-dissipação da sexualidade.

- Esta norma recomenda total abstinência de sexo aos adeptos do Yôga Clássico e de todas as correntes não-tântricas.

- O yama brahmacharya não obriga o celibato nem a abstinência do sexo para os yôgins que seguirem a linha tântrica.

- A sexualidade se dissipa pela prática excessiva de sexo com orgasmo.

- O yôgin ou yôginí que tiver conquistado progressos em sua qualidade de energia mediante as práticas e a observância destas normas, deverá preservar sua evolução, evitando relações sexuais com pessoas que não se dediquem ao mesmo ideal de saúde e purificação.

Preceito moderador:

A observância de brahmacharya não deve induzir ao moralismo, puritanismo, nem ao distanciamento ou à falta de afeto entre as pessoas, nem como pretexto para furtar-se ao contato íntimo com seu parceiro ou parceira conjugal.

V. APARIGRAHA

- A quinta norma ética do Yôga é aparigraha, a não-possessividade.

- O yôgin não deve ser apegado aos seus bens e, ainda menos, aos dos demais.

- Muitos dos que se "desapegam" estão apegados ao desejo de desapegar-se.

- O verdadeiro desapego é aquele que renuncia à posse dos entes queridos, tais como familiares, amigos e, principalmente, cônjuges.

- Os ciúmes e a inveja são manifestações censuráveis do desejo de posse de pessoas e de objetos ou realizações pertinentes a outros.

Preceito moderador:

A observância de aparigraha não deve induzir à displicência para com as propriedades confiadas à nossa guarda, nem à falta de zelo para com as pessoas que queremos bem.

VI. SAUCHAN

- A sexta norma ética do Yôga é sauchan, a limpeza.
- O yôgin deve ser purificado tanto externa quanto internamente.
- O banho diário, a higiene da boca e dos dentes, e outras formas comuns de limpeza não são suficientes. Corporalmente, é necessário proceder à purificação dos órgãos internos e das mucosas, mediante as técnicas do Yôga.
- De pouca valia é lavar o corpo por fora e por dentro se a pessoa ingere alimentos com elevadas taxas de toxinas e impurezas tais como as carnes de animais mortos que entram em processo de decomposição logo depois da morte.
- Da mesma forma, cumpre que o yôgin não faça uso de substâncias intoxicantes, que gerem dependência explícita ou que alterem o estado da consciência, ainda que tais substâncias sejam naturais.
- Aquele que só trata da higiene física não está cumprindo sauchan. Esta recomendação só está satisfatoriamente interpretada quando se exerce a prática da limpeza interior. Ser limpo psíquica e mentalmente constitui requisito imprescindível.
- Ser limpo interiormente compreende não alimentar seu psiquismo com imagens, ideias, emoções ou pensamentos intoxicantes, tais como tristeza, impaciência, irritabilidade, ódio, ciúmes, inveja, cobiça, derrotismo e outros sentimentos inferiores.
- Finalmente, esta norma atinge sua plenitude quando a limpeza do yôgin reflete-se no meio ambiente, cujas manifestações mais próximas são sua casa e seu local de trabalho.

Preceito moderador:

A observância de sauchan não deve induzir à intolerância contra aqueles que não compreendem a higiene de forma tão abrangente.

VII. SANTÔSHA

- A sétima norma ética do Yôga é santôsha, o contentamento.
- O yôgin deve cultivar a arte de extrair contentamento de todas as situações.
- O contentamento e sua antítese, o descontentamento, são independentes das circunstâncias geradoras. Surgem, crescem e cingem o indivíduo apenas devido à existência do gérmen desses sentimentos no âmago da personalidade.
- O instrutor de Yôga deve manifestar constante contentamento em relação aos seus colegas e expressar isso através da solidariedade e apoio recíproco.
- Discípulo é aquele que cultiva a arte de estar contente com o Mestre que escolheu.

Preceito moderador:
A observância de santôsha não deve induzir à acomodação daqueles que usam o pretexto do contentamento para não se aperfeiçoar.

VIII. TAPAS

- A oitava norma ética do Yôga é tapas, autossuperação.
- O yôgin deve observar constante *esforço sobre si mesmo* em todos os momentos.
- Esse esforço de autossuperação consiste numa atenção constante no sentido de fazer-se melhor a cada dia e aplica-se a todas as circunstâncias.
- O cultivo da humildade e o da polidez constituem demonstração de tapas.
- Manter a *disciplina* da prática diária de Yôga é uma manifestação desta norma. Preservar-se de uma alimentação incompatível com o Yôga faz parte do tapas. Conter o impulso de expressar comentários maldosos sobre terceiros também é compreendido como correta interpretação desta observância.
- A seriedade de não mesclar com o Yôga sistemas, artes ou filosofias que o conhecimento do seu Mestre desaconselhar, é tapas.

- A austeridade de manter fidelidade e lealdade ao seu Mestre constitui a mais nobre expressão de tapas.
- Tapas é, ainda, a disciplina que respalda o cumprimento das demais normas éticas.

Preceito moderador:
A observância de tapas não deve induzir ao fanatismo nem à repressão e, muito menos, a qualquer tipo de mortificação.

IX. SWÁDHYÁYA

- A nona norma ética do Yôga é swádhyáya, o auto-estudo.
- O yôgin deve buscar o autoconhecimento mediante a observação de si mesmo.
- Esse auto-estudo também pode ser obtido através da concentração e meditação. Será auxiliado pela leitura de obras indicadas e, na mesma proporção, obstado por livros não recomendados pelo orientador competente.
- O convívio com o Mestre é o maior estímulo ao swádhyáya.
- O auto-estudo deve ser praticado ainda mediante a sociabilidade, o alargamento do círculo de amizades e o aprofundamento do companheirismo.

Preceito moderador:
A observância de swádhyáya não deve induzir à alienação do mundo exterior nem à adoção de atitudes que possam levar a comportamentos estranhos ou que denotem desajustes da personalidade.

X. ÍSHWARA PRANIDHÁNA

- A décima norma ética do Yôga é íshwara pranidhána, a auto-entrega.
- O yôgin deve estar sempre interiormente seguro e confiante em que a vida segue o seu curso, obedecendo a leis naturais e que todo esforço para a autossuperação deve ser conquistado sem ansiedade.

- Durante o empenho da vontade e da dedicação a uma empreitada, a tensão da expectativa deve ser neutralizada pela prática do íshwara pranidhána.

- Quando a consciência está tranquila por tér tentado tudo e ainda assim não se haver conseguido o resultado ideal; quando a pessoa está literalmente impossibilitada de obter melhores conseqüências, esse é o momento de entregar o fruto das suas ações a uma vontade maior que a sua, cujos desígnios muitas vezes são incompreensíveis.

Preceito moderador:

A observância de íshwara pranidhána não deve induzir ao fatalismo nem à displicência.

CONCLUSÃO

O amor e a tolerância são pérolas que enriquecem os mandamentos da nossa ética.

Que este Código não seja causador de desunião.

Não seja ele usado para fins de patrulhamento ideológico, discriminação, manipulação nem perseguição.

Nenhuma penalidade seja imposta por nenhum grupo aos eventuais descumpridores destas normas. A eles lhes bastará a desventura de não usufruir do privilégio de vivenciá-las.

Reconhecimentos

COM QUE O AUTOR FOI AGRACIADO

Ao compilarmos os dados, os diplomas e as reportagens (apenas uma pequena parte) do nosso amigo e professor DeRose para publicar na forma de livro, precisamos esclarecer algo fundamental. DeRose nunca deu importância a títulos e diplomas para si mesmo.

Como pesquisador e escritor recluso, não via porque um pedaço de papel devesse merecer a credibilidade de refletir o valor do indivíduo. Com isso, deixou de buscar vários certificados a que tinha direito; e outros, que conseguiram lhe chegar às mãos, terminaram no fundo de gavetas, estragados pelas décadas ou extraviados.

Assim foi de 1960 a 2001. Mas o destino é mesmo interessante. Como ele não corria atrás de títulos nem de exaltação pessoal, essas coisas correram atrás dele e, finalmente, alcançaram-no. Com mais de quarenta anos de profissão, a partir do novo século que despontava, DeRose começou a concordar em receber este e aquele reconhecimento.

Depois de mais de cinco décadas ensinando e formando instrutores, contando já então com uma legião de bons profissionais admiradores do seu ensinamento, DeRose decidiu que tais comendas, medalhas, láureas e títulos eram mérito, não dele, mas de todos os instrutores que estavam no *front*, trabalhando com o público e realizando boas obras.

Entendendo que tais profissionais, bem como a própria filosofia que eles professavam, mereciam o justo reconhecimento do público, das autoridades, do Governo e da Imprensa, passou a comparecer às solenidades de outorga. Mas sempre fez questão de registrar:

"As honrarias com que sou agraciado de tempos em tempos pelo Exército Brasileiro, pela Assembleia Legislativa, pelo Governo do Estado, pela

Câmara Municipal, pela Polícia Militar, pela Defesa Civil, pela Associação Paulista de Imprensa, pelo Rotary e por outras entidades culturais e humanitárias tratam-se de manifestações do respeito que a sociedade presta à nossa filosofia e ao trabalho de todos os profissionais desta área. Assim, sendo, quero dividir com você o mérito deste reconhecimento."

Várias das comendas e condecorações que recebeu em número impressionante estão reproduzidas fotograficamente nas páginas deste histórico. Mesmo assim, só concordou com a divulgação deste material mediante a expressa declaração abaixo:

"A divulgação destas homenagens e condecorações não tem justificativa na vaidade pessoal. É muito bom que ocorram essas solenidades de outorga, pois a opinião pública, nossos instrutores, nossos alunos e seus familiares percebem que há instituições fortes e com muita credibilidade que nos apoiam e reconhecem o valor do trabalho que realizamos pela juventude, pela nação e pela humanidade."

Dessa forma, aqui está um pequeno acervo de histórico, fotografias, documentos e entrevistas que conseguimos resgatar e publicamos como presente de aniversário do nosso Mestre em Estilo de Vida, construtor da Nossa Cultura e lutador exemplar.

Comissão Editorial

Ser uma personalidade pública é uma maldição:
implica que lhe atribuam coisas boas que você nunca fez
e coisas ruins que você jamais faria.

DeRose

Vídeo de outorga do Grão-Colar Cruz do Anhembi: derose.co/outorgaderose1

Vídeo de posse como imortal da academia ABRASCI: derose.co/outorgaderose2

Vídeo de outorga da Medalha da Constituição: derose.co/outorgaderose3

Entrega do Grão-Colar ao Presidente da Cruz Vermelha: https://derose.co/entrega-cruz-vermelha

Grã-Cruz da Ordem Militar e Hospitalar São Lázaro de Jerusalém: http://derose.co/gracruz-saolazaro

Vídeo de outorga do Grão-Colar: derose.co/grao-colar

Vídeo de discurso na Câmara Municipal de São Paulo: http://derose.co/discurso-camara

Vídeo de outorga ao General Szelbracikowski: https://derose.co/entrega-cruz-vermelha-discurso

HISTÓRICO E TRAJETÓRIA DO COMENDADOR DeROSE

Resumo da história recente, com o acréscimo de fatos que ocorreram depois de concluído e publicado este livro.

UM REGISTRO HISTÓRICO DO YÔGA NO BRASIL

Texto resumido.

Chamam-me Mestre, chamam-me Doutor,
tenho milhares de discípulos, mas tudo isso é vão.
Fausto, de Von Goethe

Em 1960, DeRose começou a lecionar gratuitamente na Fraternidade Rosacruz, tornando-se assim um dos primeiros e, atualmente, o mais antigo professor de Yôga do Brasil ainda vivo e em atividade de magistério.

Em 1964, fundou o Instituto Brasileiro de Yôga, no qual conseguiu conceder centenas de bolsas de estudo, mantendo mais da metade dos alunos em regime de gratuidade total de 1964 a 1975.

Em 1966, realizou a primeira aula gravada no mundo com uma aula completa de Yôga. Antes disso só havia gravações com relaxamento.

*Em 1969, publicou o primeiro livro (**Prontuário de Yôga Antigo**), que foi elogiado pelo próprio Ravi Shankar, pela Mestra Chiang Sing e por outras autoridades.*

Em 1974, viajou por todo o país ministrando cursos e percebeu que a maior parte dos professores era constituída por gente muito boa e que estava ansiosa por acabar com a desunião reinante entre aqueles que pregavam a paz e a tolerância. Estavam todos querendo que surgisse uma instituição que os congregasse e conciliasse. Pediu que esperassem sua volta da Índia para fundar o movimento de união de todas as modalidades.

Em 1975, foi à Índia pela primeira vez. Retornaria aos Himálayas por mais 24 anos. Estudou com Krishnánanda, Nádabrahmánanda, Turyánanda, Muktánanda, Yôgêndra, Dr. Gharote e outros. Segundo os hindus, eles foram os últimos Grandes Mestres vivos, os derradeiros representantes de uma tradição milenar em extinção. Quando voltou da primeira viagem à Índia, sentiu muito mais força, agora investido com a bênção dos Mestres e com o poder milenar dos Himálayas. Com essa energia fundou a União Nacional de Yôga, a primeira entidade a congregar instrutores e escolas de todas as modalidades de Yôga, sem discriminação. Foi a União Nacional de Yôga que desencadeou o movimento de união, ética e respeito mútuo entre os profissionais dessa área de ensino. Conflagrou uma grande corrente de apoio por parte dos colegas de diversos ramos de Yôga. Isso coincidiu com a cessação dos exames para credenciamento de ensinantes de Yôga pela Secretaria de Educação do Estado da Guanabara, o que levantou o outro braço da balança, projetando o Professor DeRose como preparador dos futuros instrutores. Estava sendo lançada a sementinha da Primeira Universidade de Yôga do Brasil, que surgiria duas décadas depois, em 1994.

A partir da década de 1970, introduziu os ***Cursos de Extensão Universitária para a Formação de Instrutores de Yôga*** *em praticamente todas as Universidades Federais, Estaduais e Católicas do Brasil.*

Em 1976, implantou o Curso de Formação de Professores de Yôga na Universidade Espírita de Curitiba (documentação comprobatória no livro "Quando é Preciso Ser Forte", 44ª. edição).

Em 1978, o Professor DeRose liderou a campanha pela criação e divulgação do ***Primeiro Projeto de Lei visando à Regulamentação da Profissão de Professor de Yôga****, o qual despertou viva movimentação e acalorados debates de Norte a Sul do país.*

Em 1980, começou a ministrar cursos na própria Índia e a lecionar regularmente para instrutores de Yôga na Europa (o primeiro curso havia sido em Paris, 1975).

Em 1982, realizou o ***Primeiro Congresso Brasileiro de Yôga****. Ainda em 82, lançou o primeiro livro voltado especialmente para a orientação de instrutores, o* ***Guia do Instrutor de Yôga****; e a primeira tradução do* ***Yôga Sútra de Pátañjali****, a mais importante obra do Yôga Clássico, já feita por professor de Yôga brasileiro.*

Em 1994, completando 20 anos de viagens à Índia, fundou a ***Primeira Universidade de Yôga do Brasil*** *e a* ***Universidade Internacional de Yôga*** *em Portugal.*

Em 1997, DeRose lançou os alicerces do ***Conselho Federal de Yôga*** *e do* ***Sindicato Nacional dos Profissionais de Yôga****. Pouco depois, retirou-se e entregou a direção do Conselho aos colegas de outras modalidades de Yôga a fim de tranquilizá-los no sentido de que não pretendia ser presidente dessa instituição e muito menos usá-la para benefício próprio.*

Em 1998, DeRose foi citado nos Estados Unidos por Georg Feuerstein no livro ***The Yoga Tradition****.*

Em 2000, vários pensamentos de DeRose são citados no livro ***Duailibi das Citações****, do publicitário Roberto Duailibi, da DPZ.*

Em 2002, abandonou qualquer participação ativa na luta pela regulamentação. Tomou essa decisão para que os colegas de outras linhas de Yôga, Yóga, Yoga ou ioga ficassem bem à vontade para assumir a liderança e decidir, eles mesmos, como queriam que fosse realizada a tão importante regulamentação da profissão de instrutor de Yôga. Lamentavelmente, com a saída do Professor DeRose, o projeto da regulamentação da profissão caiu no esquecimento e a profissão nunca foi regulamentada.

Em 2003, DeRose foi referido novamente por Georg Feuerstein no livro ***The Deeper Dimension of Yoga****, Shambhala Publications, Inc.*

Em 2007, publicou a obra mais completa sobre esta filosofia em toda a História: o primeiro ***Tratado de Yôga*** *escrito no mundo, com cerca de mil páginas e mais de duas mil fotografias.*

Em 2008, ***o primeiro Curso Superior de Yôga do Brasil****, sequencial, foi promovido pela Rede DeROSE na Universidade Estadual de Ponta Grossa (documentação comprobatória no livro "Quando é Preciso Ser Forte", 44ª. edição), sob a batuta da* Profª. *Maria Helena Aguiar.*

Em 2009, DeRose é citado no livro ***Paris Yoga****, de Lionel Paillès, Editora Parigramme.*

Em 2009, DeRose é citado pela revista ***Time Out****, de New York.*

Em 2010, DeRose é citado diversas vezes no livro ***Lei de Diretrizes e Bases da Educação Nacional****, do Prof. Hamurabi Messeder.*

Em 2010 recebeu o título de ***Professor Doutor*** **Honoris Causa** *pelo Complexo de Ensino Superior de Santa Catarina, Faculdade de Ciências Sociais de Florianópolis.*

Em 2011, DeRose é citado em uma extensa reportagem do jornal londrino ***Evening Standard*** *de 23 de fevereiro de 2011, sobre o crescimento do DeROSE Method na Inglaterra.*

Em 2012 é citado e homenageado em um livro publicado na França, intitulado ***Le Yôga est un jeu****, de Éric Marson et Jaime F. Gamundì Montserrat, publicado pela Editora Librio.*

De 2012 a 2016 não anotamos as referências.

Em 2017, mais duas menções na Inglaterra, uma delas no ***Sunday Times****, de London (reproduzidas no livro* ***Quando é Preciso Ser Forte****, 44ª. edição). E outras duas em New York, uma na* ***INC*** *e outra na* ***Forbes*** *(reproduzidas na 45ª. edição).*

No Brasil, por lei estadual, a data do aniversário do Professor DeRose, 18 de fevereiro, foi instituída como o ***Dia do Yôga*** *em* ***14 ESTADOS****: São Paulo, Rio de Janeiro, Paraná, Santa Catarina, Rio Grande do Sul, Minas Gerais, Bahia, Mato Grosso, Mato Grosso do Sul, Pará, Goiás, Piauí, Ceará, Amapá e mais o Distrito Federal.*

Atualmente, DeRose comemora mais de 30 livros escritos, publicados em vários países e mais de um milhão de exemplares vendidos. Por sua postura avessa ao mercantilismo, conseguiu o que nenhum autor obtivera antes do seu editor: a autorização para permitir free download *de vários dos seus livros pela internet em português, espanhol, francês, inglês e disponibilizou centenas de webclasses gratuitamente no site* ***www.DeROSEMethod.org****, site esse que não vende nada.*

Todas essas coisas foram precedentes históricos. Isso fez de DeRose o mais citado e, sem dúvida, o mais importante escritor do Brasil na área de autoconhecimento, pela energia incansável com que tem divulgado a filosofia hindu nos últimos mais de 60 anos em livros, jornais, revistas, rádio, televisão, conferências, cursos, viagens e formação de novos instrutores. Formou mais de 10.000 bons instrutores e ajudou a fundar milhares de espaços de cultura, associações profissionais, Federações, Confederações e Sindicatos. Hoje tem sua obra expandida por: Argentina, Chile, Portugal, Espanha, Itália, França, Inglaterra, Escócia, Alemanha, Finlândia, Austrália, Estados Unidos etc.

A partir de 2008, o Comendador DeRose decidiu comunicar a todos que estava se retirando do segmento profissional do Yôga e passou a dedicar-se a outra atividade: o DeRose Method – *que é muito mais abrangente.*

Fora do ambiente do Yôga

Pobre do homem que é conhecido por todos,
mas não se conhece a si mesmo.
Francis Bacon

Reconhecimento pela

Assembleia Legislativa, Governo do Estado, Defesa Civil, Câmara Municipal, Exército Brasileiro, Polícia Militar, Rotary, Associação Paulista de Imprensa, Câmara Brasileira de Cultura, Ordem dos Parlamentares do Brasil, ABFIP ONU Brasil, OAB etc.

Comemorando 40 anos de carreira no ano 2000, recebeu em 2001 e 2002, o reconhecimento do título de ***Mestre*** *(não-acadêmico) e* ***Notório Saber*** *pela FATEA – Faculdades Integradas Teresa d'Ávila (SP), pela Universidade Lusófona, de Lisboa (Portugal), pela Universidade do Porto (Portugal), pela Universidade de Cruz Alta (RS), pela Universidade Estácio de Sá (MG), pelas Faculdades Integradas Coração de Jesus (SP), pela Câmara Municipal de Curitiba (PR).*

Em 2001, recebeu da Sociedade Brasileira de Educação e Integração a Comenda da Ordem do Mérito de Educação e Integração.

Em 2003, recebeu outro título de Comendador, agora pela Academia Brasileira de Arte, Cultura e História. Mais tarde, seria convidado para receber o grau de Comendador pela Ordem do Mérito Polícia Judiciária.

Em 2004, recebeu o grau de Cavaleiro, pela Ordem dos Nobres Cavaleiros de São Paulo, reconhecida pelo Comando do Regimento de Cavalaria Nove de Julho, da Polícia Militar do Estado de São Paulo.

Em 2006, recebeu a Medalha Tiradentes, pela Assembleia Legislativa do Estado do Rio de Janeiro, e a Medalha da Paz, pela ABFIP ONU. No mesmo ano, recebeu o Diploma do Mérito Histórico e Cultural, no grau de Grande Oficial. Foi nomeado Conselheiro da Ordem dos Parlamentares do Brasil.

Em 2008, recebeu a Láurea D. João VI, em comemoração aos 200 anos da Abertura dos Portos. No seu aniversário, dia 18 de fevereiro, recebeu, da Câmara Municipal, o título de Cidadão Paulistano. Em março, foi agraciado, pelo Governador do Estado de São Paulo, com o Diploma Omnium Horarum Homo *(homem para todas as horas), da Defesa Civil. Neste mesmo ano, recebeu a Cruz da Paz dos Veteranos da Segunda Guerra Mundial, a Medalha do Mérito da Força Expedicionária Brasileira, a Medalha MMDC, pelo Comando da Polícia Militar do Estado de São Paulo, a Medalha do Bicentenário dos Dragões da Independência do Exército Brasileiro e a Medalha da Justiça Militar da União.*

Comendador DeRose recebendo a Medalha da Paz, da ABFIP ONU, em 2006.

Em novembro de 2008, foi nomeado Grão-Mestre Honorário da Ordem do Mérito das Índias Orientais, de Portugal.

Em virtude das suas atuações nas causas sociais e humanitárias, no dia 2 de dezembro, recebeu uma medalha da Associação Paulista de Imprensa. No dia 4 de dezembro, foi agraciado com a medalha Sentinelas da Paz, pela Associação dos Boinas Azuis da ONU de Joinville, Santa Catarina. No dia 5 de dezembro, recebeu, na Câmara Municipal de São Paulo, a Cruz do Reconhecimento Social e Cultural. No dia 9 de dezembro, recebeu, no Palácio do Governo, a medalha da Casa Militar, pela Defesa Civil, em virtude da participação nas várias Campanhas do Agasalho do Estado de São Paulo e na mobilização para auxiliar os desabrigados da tragédia de Santa Catarina. No dia 22 de dezembro, recebeu mais um diploma de reconhecimento da Defesa Civil, no Palácio do Governo.

Em janeiro de 2009, recebeu o diploma de Amigo da Base de Administração e Apoio do Ibirapuera, do Exército Brasileiro.

Em 2010, recebeu o título de Professor Doutor Honoris Causa pelo Complexo de Ensino Superior de Santa Catarina, Faculdade de Ciências Sociais de Florianópolis.

DeRose é apoiado por um expressivo número de instituições culturais, acadêmicas, humanitárias, militares e governamentais, que reconhecem o valor da sua obra e tornaram-no o preceptor de Yôga mais condecorado no Brasil com medalhas, títulos e comendas. Contudo, ele sempre declara:

"As honrarias com que sou agraciado, de tempos em tempos, tratam-se de manifestações do respeito que a sociedade presta a esta filosofia e ao trabalho de todos os profissionais desta área. Assim sendo, quero dividir com você o mérito deste reconhecimento."

Na Câmara Municipal de São Paulo, o Comendador DeRose recebeu o título de Cidadão Paulistano, no dia 18 de fevereiro de 2008.

Comendador DeRose com o Prior *Knight Grand Cross of Justice,* Dr. Benedicto Cortez, da *The Military and Hospitaller Order of Saint Lazarus of Jerusalem,* ambos com a Medalha da Justiça Militar da União.

Comendador DeRose discursando no Salão dos Pratos, do Palácio do Governo, em 2009, após receber a Medalha da Casa Militar, do Gabinete do Governador do Estado de São Paulo.

Comendador DeRose discursando novamente no Palácio do Governo, em 2010, após receber a Medalha da Defesa Civil.

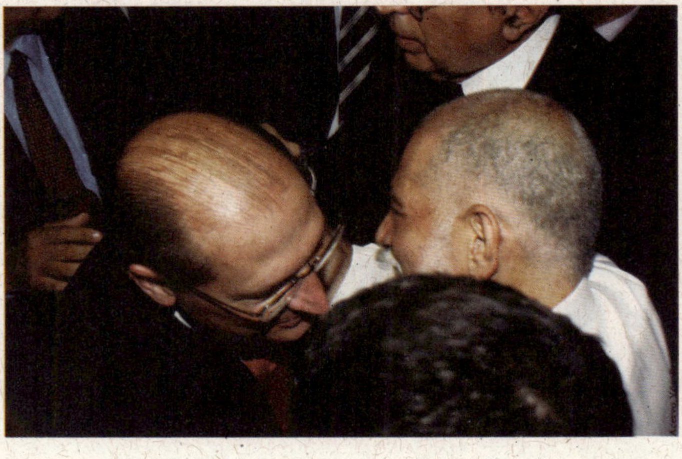

Comendador DeRose com o Governador do Estado de São Paulo, Dr. Geraldo Alckmin.

Comendador DeRose recebendo, das mãos do Comandante PM Telhada, a Medalha da Academia Militar do Barro Branco, em 25 de novembro de 2009. Ao lado, o Prior *Knight Grand Cross of Justice,* Dr. Benedicto Cortez, da *The Military and Hospitaller Order of Saint Lazarus of Jerusalem. Atrás,* o Digníssimo Senhor Presidente da ABFIP ONU, Dr. Walter Mello de Vargas. Perfiladas, outras autoridades.

Comendador DeRose recebendo medalha da OAB
(Medalha Prof. Dr. Antonio Chaves da OAB SP)

Comendador DeRose recebendo a Medalha do Jubileu de Prata da ABFIP ONU (alusiva à Peregrinação a Jerusalém pelos expedicionários do Canal de Suez), sendo cumprimentado pelo General Adhemar, Comandante do Comando Militar do Sudeste, ao lado de Sua Alteza Imperial e Real, o Príncipe Dom Bertrand de Orleans e Bragança, no 8º. Batalhão de Polícia do Exército, em dezembro de 2011. Na ocasião, o General Adhemar também foi agraciado com a mesma medalha, que leva posta em seu peito.

Comendador DeRose condecorando oficiais da Polícia Militar.

Comendador DeRose, quando recebeu a Medalha Marechal Trompowsky, na ROTA.
Discursando, o Exmo. Sr. General Santini.

Comendador DeRose recebendo o Grão-Colar da Sociedade Brasileira de Heráldica e Humanística, conferido pelo Venerável Grão-Prior Dom Galdino Cocchiaro.

Sua Alteza Imperial e Real, o Príncipe Dom Luiz de Orleans e Bragança, Chefe da Casa Real do Brasil, recebeu homenagem entregue por comandantes do 8º. Distrito Naval.

Foto publicada no jornal *Mundo Lusíada*, de 12 de outubro de 2011, derose.co/mundolusiada.

Dra. Telma Angélica Figueiredo (Juíza-Auditora Diretora do Foro da 2ª. Circunscrição Judiciária Militar) e Comendador DeRose, após descerrarem juntos o quadro que foi oferecido a Sua Alteza D. Bertrand de Orleans e Bragança.

Comendador DeRose com o Grão-Colar de 50 anos
da Sociedade Brasileira de Heráldica e Humanística

Comendador DeRose ministrando a Aula Magna, após receber o título de Professor Doutor *Honoris Causa*, em 2010, no Complexo de Ensino Superior de Santa Catarina, Faculdade de Ciências Sociais de Florianópolis.

Dr. Marcos Carneiro Lima, Delegado Geral de Polícia, condecorando o Comendador DeRose.

Exmo. Sr. General Adhemar, Comandante do Comando Militar do Sudeste, cumprimentando o Comendador DeRose por mais uma condecoração recebida. No canto esquerdo, a Profª. Melina Flores, Diretora da Sede Histórica do Rio de Janeiro.

Comendador DeRose, recebendo das mãos do Exmo. Sr. Dr. Geraldo Alckmin, Governador do Estado de São Paulo, a Medalha Comemorativa dos Cem Anos da ROTA.

O Excelentíssimo Sr. Governador do Estado de São Paulo João Doria
com o Comendador DeRose.

Professor Doutor DeRose recebendo o título de Comendador
pela Ordem do Mérito Farmacêutico Militar, do Exército Brasileiro,
das mãos do Comandante Ir.·. Cel. Szelbracikowski, hoje General,
Ao lado, nosso confrade, o Delegado da Polícia Civil Dr. Joaquim Dias Alves.

ALL OVER THE WORLD

Dispomos de centenas de Instrutores Credenciados em todo o Brasil, Argentina, Chile, Portugal, Espanha, França, Itália, Inglaterra, Escócia e Estados Unidos. Desejando a direção da Unidade mais próxima, visite o nosso *site* **www.DeRoseMethod.org** ou entre em contato com a Sede Central, tel.: (11) 3064-3949 e (11) 3082-4514.

FACILIDADE AOS NOSSOS ALUNOS: Se você estiver inscrito em qualquer uma das Unidades Credenciadas, terá o direito de frequentar gratuitamente várias outras Credenciadas quando em viagem, desde que comprove estar em dia com a sua Unidade de origem e apresente o nosso passaporte acompanhado dos documentos solicitados (conveniência esta sujeita à disponibilidade de vaga).

DeROSE
METHOD

SÃO PAULO – AL. JAÚ, 2000 – TEL. (11) 3081-9821 E 3088-9491.
RIO DE JANEIRO – AV. COPACABANA, 583 CONJ. 306 – TEL. (21) 2255-4243.
Os demais endereços atualizados você encontra no nosso *website*:

www.DeRoseMethod.org

Entre no nosso *site* e assista gratuitamente mais de 80 aulas do Sistematizador DeRose sobre: sânscrito, alimentação inteligente, corpos do homem e planos do universo, o tronco Pré-Clássico, a relação Mestre/discípulo na tradição oriental, hinduismo e escrituras hindus, e outras dezenas de assuntos interessantes.

Faça *download* gratuito de vários livros do escritor DeRose, bem como CDs com aulas práticas, meditação, mensagens etc., além de acessar os endereços de centenas de instrutores de diversas linhas.

E, se gostar, recomende nosso *site* aos seus amigos!